인생의
절반쯤 왔을 때
읽어야 할
대학·중용

마음의 균형을 잡으면 대학·중용이 들린다

인생의
절반쯤 왔을 때
읽어야 할 대학·중용

· 주자 지음 | 박훈 옮김 ·

탐나는책

인간으로 태어나서 학문을 배우고 일상을 지내며 살아가는 사람들은 쉽게 자신이 어떤 목적을 갖고 있는 것을 잊어버릴 때가 있다. 그래서 자신이 무엇을 위해 노력해야 하고 애써야 하는 것인지 모르고 시간을 낭비한 채 필요 없는 논쟁으로 삶을 보내게 되는 것이다.

사람으로서 생각하고 깨달아야 하는 군자君子로서 지켜나가야 하는 것을 책으로 옮겨 놓은 것이 대학大學과 중용中庸이다. 주희(朱熹: 주자학을 집대성하여 중국 사상계에 가장 큰 영향을 줌)는 황제의 인품이 국가 안녕의 기반이라는 주장을 되풀이한 중요한 기록을 남겨 도덕적인 정부를 강조한 책인 대학大學에서는 황제가 자신의 마음을 수양하면 뒤이어 세상 모두가 도덕적으로 변모하게 된다고 하고 중용中庸에서는 어떠한 것에도 치우치거나 기댐이 없으며 지나치거나 부족함이 없이 본분에 의거하여 괴이한 일을 하지 않는 것이라고 하였다. 중용의 구절인 '하늘이 만물에게 부여해 준 것은 본성이며 성을 따라서 행동하는 것은 도를 닦는 가르침이다'라고 주장하였다.

본성은 타인과의 관계, 가족과의 관계, 부부관계, 부자관계, 친구관계, 군신의 관계 속에서 항상 겸손謙遜과 덕행德行의 모습을 요구하는 동양철학 사상의 핵심을 말해준다.

　퇴계 이황 선생과 백범 김구 선생의 좌우명으로 유명한 신독愼獨은 개인적인 수양 방법이면서 "안으로 성실하면 밖으로 드러난다."라고 했듯이 외부에 대한 실천과 연관되어 사회적으로 확대되기도 한다. 명明 때의 왕수인王守仁은 특히 신독을 중요시했다. 그는 천리를 보존하는 일과 인욕을 없애는 일이 한 가지로 양지良知를 회복함으로써 가능하다고 했는데, 이때 남은 모르고 자신만이 아는 일을 신중히 하는 신독의 공부가 그 궁극적인 목표가 된다. 명나라 말기의 유념대劉念臺 등도 신독을 학문하는 데 가장 중요한 것으로 다루었다. 신독愼獨은 자기 내면의 성찰을 통해 마음에 내재한 인욕·물욕을 인정하고 그에 가려지지 않도록 하며, 선善과 악惡이 나누어지는 기미를 마음속에서 신중하게 다스린다는 것이다.

　19세기 말, 우리나라는 주변 강대국들로부터 거의 반강제적으로 개화開化하기 시작했다. 이것은 곧 서양의 종교와 과학의 진입을 의

미하는 서구식 자본 경제의 시작이었다. 그 이후 우리나라는 20세기 내내 서양의 사고방식을 따라서 생활 방식을 학습하며 발전해 왔다. 그러나 21세기는 그동안 거대 국가로 확장해온 미국과 중국이 여러 가지 정치적 경제적 마찰로 인하여 우리나라가 중도 외교의 역할을 어떻게 하느냐에 따라 국가 성장의 가능성이 높아질 것으로 예상된다.

최근 우리나라의 대중문화大衆文化가 전 세계에서 각광받으며 성장하고 다양한 분야에서의 기술이 최고의 성적을 나타내며 한층 국가의 브랜드 위치가 상승 국면에 있다. 특히 정신문화精神文化는 다른 모든 국가들에게 가장 중요한 국력國力이라고 할 수 있는데, 우리는 일찍이 학습하고 배워서 유가儒家 사상, 도가道家 사상 등 전 세계인들의 부러움을 받는 훌륭한 철학들을 무장하고 있다. 그 유가儒家 사상의 경전이 바로 대학大學과 중용中庸인 것이다. 그래서 우리나라는 21세기의 리더국으로 등장하고 있으며 전 세계 모범국의 역할을 담당해야 할 환경의 변화 때문에, 그에 발맞추어 지금부터 많은 준비를 해야 할 것이다. 모든 대업大業의 밑바탕에는 항상 철학과 사상이

뒷받침하고 있기 때문이다. 따라서 급변하는 우리나라의 위상이 높아지는 현실을 눈앞에 둔 이 시점에서 대학大學과 중용中庸을 배우는 의미는 아주 크다고 말할 수 있다.

사서오경四書五經은 유교의 교육 및 교양서적으로, 유교 교육의 가장 핵심적인 책이다. 사서는 "논어(論語: 공자와 그 제자들의 대화를 기록)", "맹자(孟子: 공자의 정통 유학을 계승 발전시킨 자신의 언행을 기록)", "대학(大學: 자기 수양을 완성하고 사회 질서를 이루는 과정을 일목요연하게 이론적으로 정립)", "중용(中庸: 인간이 세상을 살아가는 데 있어 지녀할 자세와 태도를 제시)"을 말하고, 오경은 "시경(詩經: 공자가 제자를 교육할 때 왕조의 정치적 형태와 민중의 수용 태도를 가르치고 교육하고자 한 춘추시대 민요 중심의 시집)", "서경(書經: 중국의 고대 국가들의 정사政事에 관한 문서를 공자가 편찬한 중국에서 가장 오래된 역사서)", "역경(易經: 세상 변화에 관한 원리를 기술한 철학 이론서)", "춘추(春秋: 공자가 자신의 글을 적어서 다시 편찬한 노나라의 역사서)"와 "예기(禮記: 공자와 그 후학들이 예법禮法의 이론과 실제를 풀이)"를 말한다.

요즈음 우리는 물질의 풍요를 가지고 있지만 본성이 메마르고 복

잡한 이 시대를 살아감에 있어 많은 스트레스로 인하여 정신적 빈곤을 겪는 경우가 비일비재非一非再하다. 이런 시기에 동양의 철학을 배우고 학습하여 윤택한 삶의 지혜를 가진다면 앞으로의 일상은 발전된 번영과 아름다운 미래를 맞이할 것이며 행복한 삶을 보장 받을 것이라 믿는다.

옮긴이 박 훈

중용 中庸

대학 大學

대학大學은 태학太學에서 학생들을 가르치던 책으로,
그 내용은 격물치지格物致知를 시작으로
수신제가치국평천하修身齊家治國平天下에 도달하기까지
나라를 다스리는 지도자들이 학습해야 할 책이다.
전체적인 구성은 경經 1장章, 전傳 10장章으로 되어 있다.

大學

대학장구 서

大學章句序

대학이란

大學之書는 古之大學에 所以教人之法也라
대학지서   고지태학   소이교인지법야

蓋自天降生民으로 則旣莫不與之以仁義禮智之性矣언마는
개자천강생민   즉기막불여지이인의례지지성의

然이나 其氣質之稟이 或不能齊라
연   기기질지품   혹불능제

是以로 不能皆有以知其性之所有而全之也라.
시이   불능개유이지기성지소유이전지야

『대학』이란 책은 옛날 태학太學에서 사람을 가르치던 법이다. 하늘
이 사람을 냄으로 이미 인의예지仁義禮智의 품성을 부여하지 않음이
없건마는, 그의 품성이 가지런하지 못하다. 이 때문에 모두 그 본성의
소유함을 알아 온전히 할 수 없는 것이다.

사도의 직책과 전악의 관직을 설치한 이유

一有聰明睿智能盡其性者出於其間이면 則天必命之하사
일유총명예지능진기성자출어기간　　　즉천필명지

以爲億兆之君師하여 使之治而教之하여 以復其性케하시니
이위억조지군사　　　사지치이교지　　　이복기성

此는 伏羲, 神農, 黃帝, 堯, 舜 所以繼天立極이요
차　복희 신농 황제 요 순 소이계천입극

而司徒之職과 典樂之官을 所由設也라.
이사도지직　　전악지관　소유설야

한 사람이라도 총명하고 예지 능력을 갖고 있어 능히 그 본성을 다한
자가 그 사이에 나음이 있으면, 하늘이 반드시 그에게 명하시어 억조
만백성의 군주와 스승으로 삼아, 그로 하여금 백성을 다스리고 가르
쳐서 그 백성 본성을 회복하게 하시니, 이는 복희伏羲·신농神農·황제
黃帝·요堯·순舜이 하늘의 뜻을 이어, 법칙을 세운 것이요, 사도司徒의
직책과 전악典樂의 벼슬을 이 때문에 설치한 것이다.

소학교에서 배우는 내용

三代之隆에 其法이 寖備하니
삼대지릉   기법   침비

然後에 王宮國都로 以及閭巷히 莫不有學하여
연후   왕궁국도   이급려항   막불유학

人生八歲어든 則自王公以下로 至於庶人之子弟히 皆入小學하여
인생팔세   즉자왕공이하   지어서인지자제   개입소학

而敎之以灑掃應對進退之節과 禮樂射御書數之文이라.
이교지이쇄소응대진퇴지절   례악사어서수지문

삼대(하·은·주)가 융성했을 때에 그 법이 점점 갖추어졌으니, 그러한
뒤에 왕궁과 수도로부터 시골에 이르기까지 학교가 있지 않은 곳이
없어, 사람이 태어난 지 8세가 되면 곧 왕과 제후, 이하로 서민의 자
제에 이르기까지 모두 소학교에 들어가서 물 뿌리고 쓸며, 응하고 대
답하며, 나아가고 물러가는 예절과 예禮·악樂·사射·어御·서書·수數
의 글을 가르쳤다.

태학에서 배우는 내용

及其十有五年이어든 則自天子之元子衆子로
급기십유오년　　　즉자천자지원자중자

以至公卿大夫元士之適子와 與凡民之俊秀히 皆入大學하여
이지공경대부원사지적자　여범민지준수　개입태학

而敎之以窮理正心修己治人之道하니
이교지이궁리정심수기치인지도

此又學校之敎에 大小之節이 所以分也라.
차우학교지교　대소지절　소이분야

15세에 이르면 천자의 원자와 여러 아들로부터 공公·경卿·대부大夫·
원사元士의 적자嫡子와 모든 백성의 준수한 자에 이르기까지 모두
태학太學에 들어가서 이치를 궁구하고 마음을 바루며 몸을 닦고 사
람을 다스리는 방법을 가르쳤으니, 이는 또 학교의 가르침에 크고 작
은 절차가 나누어진 이유이다.

학교의 설치와 가르침의 근본

夫以學校之設이 其廣이 如此하고
부 이 학 교 지 설 　 기 광 　 여 차

教之之術과 其次第節目之詳이 又如此로되
교 지 지 술 　 기 차 제 절 목 지 상 　 우 여 차

而其所以爲教는 則又皆本之人君躬行心得之餘요
이 기 소 이 위 교 　 즉 우 개 본 지 인 군 궁 행 심 득 지 여

不待求之民生日用彝倫之外라.
부 대 구 지 민 생 일 용 이 륜 지 외

대체로 학교의 설치가 그 넓음이 이와 같고, 가르치는 방법에서 그 차례와 절목節目의 상세함이 또 이와 같으며, 그 가르침을 하는 것은 또 모두 인군이 몸소 행하여 마음에 얻은 나머지에 근본하고, 민생이 일상 생활하는 이륜彝倫 이외의 것을 구하기를 기다리지 않았다.

위로는 정치가 훌륭하고 아래로는 풍속이 아름답다

是以로 當世之人이 無不學하고
시이　당세지인　무불학

其學焉者無不有以知其性分之所固有와 職分之所當爲하여
기학언자무불유이지기성분지소고유　직분지소당위

而各俛焉以盡其力하니 此古昔盛時에 所以治隆於上하고 俗美於下하여
이각면언이진기력　차고석성시　소이치륭어상　속미어하

而非後世之所能及也라.
이비후세지소능급야

이러므로 당시의 사람들이 배우지 않은 이가 없었고, 배운 자들은 그 성분의 고유한 바와 직분에 당연한 바를 알아서 각기 힘써 그 힘을 다하지 않음이 없었다. 이는 옛날 융성할 때에 정치가 위에서 높고, 풍속이 아래로 아름다워, 후세에서 능히 미칠 수 있는 바가 아니다.

공자, 선왕의 법을 후대에 가르치다

及周之衰하여 賢聖之君이 不作하고
급주지쇠   현성지군   부작

學校之政이 不修하여 敎化陵夷하고 風俗頹敗하니
학교지정   불수   교화릉이   풍속퇴패

時則有若孔子之聖이사도 而不得君師之位하여 以行其政敎하시니
시즉유야공자지성   이부득군사지위   이행기정교

於是에 獨取先王之法하여 誦而傳之하여 而詔後世하시니
어시   독취선왕지법   송이전지   이조후세

若曲禮, 少儀, 內則, 弟子職諸篇은 固小學之支流餘裔요.
약곡례 소의 내칙 제자직제편   고소학지지류여예

주나라의 쇠함에 이르러 어질고 성스러운 임금이 나오지 못하고, 학교의 정사가 닦아지지 못하여 교화가 침체되고 풍속이 무너지니, 이때에는 공자 같은 성인이 있었으나 어진 임금과 스승의 지위를 얻어 정사와 가르침은 행할 수 없었다. 이에 다만 선왕의 법을 취하여, 외워 전하여 후대를 가르치시니, 전례典禮·소의少儀·내칙內則·제자직弟子職 같은 여러 책은 진실로 소학의 지류支流와 여예餘裔이다.

대학의 전통을 잇지 못하다

而此篇者는 則因小學之成功하여 以著大學之明法하니
이차편자　즉인소학지성공　　이저대학지명법

外有以極其規模之大하고 而內有以盡其節目之詳者也라
외유이극기규모지대　　이내유이진기절목지상자야

三千之徒蓋莫不聞其說이언마는 而曾氏之傳이 獨得其宗일새
삼천지도개막불문기설　　　이증씨지전　독득기종

於是에 作爲傳義하여 以發其意러시니 及孟子沒而其傳泯焉하니
어시　작위전의　　이발기의　　급맹자몰이기전민언

則其書雖存이나 而知者鮮矣라.
즉기서수존　　이지자선의

이 책은 소학의 성공으로 인하여 대학의 밝은 법을 드러내었으니, 밖으로는 그 규모가 극히 크다고 할 수 있고, 안으로는 그 절목의 상세함을 다한 것이라 할 수 있다. 삼천 명의 문도가 그 말씀을 듣지 않은 이가 없건마는 증씨(曾氏; 증자)의 전함이 홀로 그 종통宗統을 얻었다. 이에 전의傳義를 지어 그 뜻을 드러내려 하였으나, 맹자孟子가 별세함에 이르러 그 전함이 끊기니, 그 책이 비록 남아 있으나 아는 자가 적었다.

혼란에 빠지다

自是以來로 俗儒記誦詞章之習이 其功倍於小學而無用하고
자시이래　속유기송사장지습　기공배어소학이무용

異端虛無寂滅之教 其高過於大學而無實하고
이단허무적멸지교 기고과어대학이무실

其他權謀術數一切以就功名之說과 與夫百家衆技之流 所以惑世誣民하여
기타권모술수일체이취공명지설　여부백가중기지류 소이혹세무민

充塞仁義者 又紛然雜出乎其間하여 使其君子로 不幸而不得
충색인의자 우분연잡출호기간　　사기군자　불행이부득

聞大道之要하고 其小人으로 不幸而不得蒙至治之澤하여
문대도지요　　기소인　　불행이부득몽지치지택

晦盲否塞 反覆沈痼하고 以及五季之衰而壞亂極矣라.
회맹비색 반복침고　　이급오계지쇠이괴란극의

이로부터 이래로 속유俗儒들의 기록과 암송, 사장(詞章; 시·사·부·변문·잡문)의 익힘이 그 공부가 보다 몇 배가 되었으나 쓸 데가 없었고, 이단異端의 허무(虛無; 老莊), 적멸(寂滅; 佛法)의 가르침은 그 높음이 대학보다 더하였으나 실제가 없었으며, 기타 권모술수權謀術數로써 일체 공명을 이루는 학설과 백가百家의 모든 재주의 부류들이 세상을

혹하게 하고 백성을 속여 인의(仁義)를 막는 자들이 또 그 사이에 어지럽게 섞여 나와서 위정자(君子)로 하여금 불행하게 대도의 핵심을 얻어 듣지 못하게 하고, 백성으로 하여금 불행하게 지극한 정치의 혜택을 얻어 입지 못하게 하여, 어둠이 맹인 같고 막힘이 요새 같고 깊은 고질이 반복하여 오계(五季; 5대 후량·후당·후진·후한·후주)에 이른 때부터 쇠하여 무너지고 혼란함이 지극하였다.

대학의 취지를 밝히다

天運이 循環하여 無往不復일새 宋德이 隆盛하여 治敎休明하시니
천운　순환　　'무왕불복　　송덕　융성　　치교휴명

於是에 河南程氏兩夫子出하사 而有以接乎孟氏之傳이라
어시　하남정씨량부자출　　이유이접호맹씨지전

實始尊信此篇而表章之하시고 旣又爲之次其簡編하여 發其歸趣하시니
실시존신차편이표장지　　기우위지차기간편　　발기귀취

然後에 古者大學敎人之法과 聖經賢傳之指가 粲然復明於世하니
연후　고자태학교인지법　　성경현전지지　찬연복명어세

雖以熹之不敏으로도 亦幸私淑而與有聞焉호라 顧其爲書 猶頗放失일새
수이희지불민　　역행사숙이어유문언　　고기위서 유파방실

是以로 忘其固陋하고 采而輯之하며 間亦竊附己意하여 補其闕略하고
시이　망기고루　　채이집지　　간역절부기의　　보기궐략

以俟後之君子하노니 極知僭踰無所逃罪어니와 然이나
이사후지군자　　극지참유무소도죄　　　연

於國家化民成俗之意와 學者修己治人之方엔 則未必無小補云이니라.
어국가화민성속지의　　학자수기치인지방　즉미필무소보운

천운天運이 순환循環하여, 가고 돌아오지 않음이 없다. 그리하여 송나라의 덕이 융성하여 정치와 교육이 아름답고 밝았다. 이에 하남의 정씨程氏 두 부자(明道·伊川)가 나오시어 맹씨孟氏의 전통을 접함이 있었다. 그리하여 실제로 처음 이 책을 높이고 믿어 표장表章하시고, 또 이를 위하여 그 책의 편차를 정리하여 그 귀착하는 취지를 밝히시니, 그러한 뒤에야 옛날 태학에서 사람을 가르치던 법과 성인의 경문과 현인의 뜻이 찬란하게 다시 세상을 밝히니, 비록 나의 불민不敏함으로도 또한 다행히 사숙(私淑; 직접 가르침을 받지는 않았으나 그 사람의 학문을 본으로 삼아서 보고 배움)하여 더불어 그것을 들을 수 있었다. 다만 그 책이 아직도 잘못됨이 많았다. 그러므로 고루함을 잊고, 뽑아 모으며 사이에 또한 나의 의견을 붙여 빠진 부분을 보충하고 후세의 군자를 기다리노니, 참람하고 주제넘어, 그 죄를 도피할 수 없음을 지극히 알고 있으나, 국가의 백성을 교화하고 풍속을 이루려는 뜻과 배우는 자들의 몸을 닦고 사람을 다스리는 방법에 있어서는 조금의 도움이 없지 않을 것이다.

淳熙 己酉 二月甲子 新安朱熹 序
순 희 기 유 이 월 갑 자 신 안 주 희 서

독대학법

讀大學法

사도의 직책과 전악의 관직을 설치한 이유

朱子曰 語孟은 隨事問答하여 難見要領이어니와
주자왈 어맹　　수사문답　　난견요령

惟大學은 是曾子述孔子說古人爲學之大方이요
유태학　　시증자술공자설고인위학지대방

而門人이 又傳述以明其旨라
이문인　　우전술이명기지

前後相因하고 體統都具하니 玩味此書하여 知得古人爲學所向하고
전후상인　　체통도구　　완미차서　　지득고인위학소향

却讀語孟하면 便易入이니 後面工夫雖多나 而大體已立矣니라.
각독어맹　　변역입　　후면공부수다　　이대체이립의

주자가 말하였다.

"《논어》와《맹자》는 일에 따라 묻고 대답하므로 요령을 알기가 어렵
거니와 오직《대학》은 증자가 공자께서 옛 사람들이 학문하던 큰 방
법을 말씀하신 것을 기술하였고, 문인들이 또 그 뜻을 밝히기 위하여
전傳을 기술한 것이다. 그리하여 앞뒤가 서로 의지하고 체통體統이
모두 갖추어졌으니, 이 책의 의미를 익히면 옛 사람이 학문을 함에
있어서 향했던 바를 알고,《논어》와 맹자《맹자》를 읽으면 곧 이해하

기가 쉬우니, 뒤에 당면한 공부가 비록 많으나 큰 체계가 이미 서게 된다."

看這一書又自與看語孟不同하니 語孟中엔 只一項事是一箇道理라
간저일서우자여간어맹부동　어맹중　지일항사시일개도리

如孟子說仁義處엔 只 就仁義上說道理하고 孔子答顔淵以克己復禮엔
여맹자설인의처　지 취인의상설도뢰　공자답안연이극기복례

只就克己復禮上說道理어니와 若大學은 却只統說이라
지취극기복례상설도리　약대학　각지통설

論其功用之極이 至於平天下라 然이나 天下所以平은 却先須治國이요
논기공용지극　지어평천하　연　천하소이평　각선수치국

國之所以治는 却先須齊家요 家之所以齊는 却先須修身이요
국지소이치　각선수제가　가지소이제　각선수수신

身之所以修는 却先須正心이요 心之所以正은 却先須誠意요
신지소이수　각선수정심　심지소이정　각선수성의

意之所以誠은 却先須致知요 知之所以至는 却先須格物이니라.
의지소이성　각선수치지　지지소이지　각선수격물

이 한 책을 보는 것은 또 자연 《논어》·《맹자》를 보는 것과는 같지 않으니, 《논어》와 《맹자》에서는 다만 한 가지 일이 하나의 도리일 뿐이다. 예를 들면, 맹자께서 인의仁義를 말씀하신 부분에서는 다만 인의 상에 나아가 도리를 말씀하였고, 공자께서 안연顔淵에게 극기복례克己復禮로서 답하신 것에는 다만 극기복례상에 나아가 도리를 말씀하셨을 뿐이다. 그런데 《대학》으로 말하면 통합하여 말씀하였으니, 그 공용功用의 지극함을 논할진대 천하가 평천하에 이른다. 그러나 천하가 평온해지기 위해서는 먼저 모름지기 나라를 다스려야 하고, 나라가 다스려지려면 먼저 모름지기 집안을 가지런 히 하여야 하고, 집안이 가지런하려면 먼저 모름지기 몸을 닦아야 하고, 몸이 닦아지려면 먼저 모름지기 마음을 바루어야 하고, 마음이 바루어지려면 먼저 모름지기 뜻을

성실히 하여야 하고, 뜻이 성실해지려면 먼저 모름지기 지식을 지극히 하여야 하고, 지식이 지극해지려면 먼저 모름지기 사물의 이치를 철저히 연구하여야 한다.

大學은 是爲學綱目이니 先讀大學하여 立定綱領하면
대학　시위학강목　　　선독대학　　　입정강령

他書는 皆雜說在裏許라 通得大學了하고 去看他經이라야
타서　개잡설재리허　통득대학료　　거간타경

方見得此是格物致知事며 此是誠意正心事며 此是修身事며
방견득차시격물치지사　　차시성의정심사　　차시수신사

此是齊家治國平天下事니라.
차시제가치국평천하사

《대학》은 이러한 학문을 하는 강목綱目이니, 먼저 《대학》을 읽어 강령을 세우면 다른 책은 모두 잡설이며 그 가운데 허용되므로, 《대학》을 통달하고 다른 경서를 보아야 바야흐로 이것이 격물格物·치지致知의 일이며, 이것이 성의誠意·정심正心의 일이며, 이것이 수신修身의 일이며, 이것이 제가齊家·치국治國·평천하平天下의 일임을 알게 될 것이다.

今且熟讀大學하여 作間架하고 却以他書塡補去하라.
금차숙독대학　　　작간가　　　각이타서전보거

이제 우선 《대학》을 익숙하게 읽어 문장의 구성 체제를 만들고, 다른 책으로도 메워 가도록 하라.

大學은 是通言學之初終이요 中庸 是指本原極致處니라.
대학　시통언학지초종　　　중용 시지본원극치처

《대학》은 이 학문의 처음과 끝을 통틀어 말하였고, 《중용》은 이 본질의 궁극적 경기를 가르쳐주는 것이니라.

問欲專看一書인댄 以何爲先이니잇고
문욕전간일서   이하위선

日先讀大學하면 可見古人爲學首末次第하니 不比他書라
왈선독대학   가견고인위학수말차제   불비타서

他書는 非一時所言이요 非一人所記니라.
타서   비일시소언   비일인소기

묻기를 "오로지 한 책을 보고자 하는데 무엇으로써 먼저 해야 합니까?" 하자, "먼저 《대학》을 읽으면 옛 사람들의 학문을 한 시작과 끝의 차례를 볼 수 있으니, 다른 책에 비할 바가 아니다. 다른 책은 한 때에 말씀한 것이 아니며, 한 사람이 기록한 것이 아니니라."

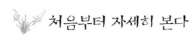 처음부터 자세히 본다

又曰 看大學엔 固是著逐句看去나
우왈 간대학 　　고시저축구간거

也須先統讀傳文敎熟이라야 方好從頭仔細看이니
야수선통독전문교숙 　　　　방호종두자세간

若專不識傳文大意하면 便看前頭亦難이니라.
약전부식전문대의 　　　변간전두역난

또 말하였다. 《대학》을 볼 때에는 진실로 나타난 글귀마다 보아가야
할 것이나, 또 모름지기 전문傳文의 가르침에 익숙하도록 한 다음에
바야흐로 처음부터 자세히 보는 것이 좋으니, 만일 전문의 대의를 전
혀 모른다면 앞부분을 보는 것도 또한 어려울 것이니라."

온고이지신하여 새로워져라

又曰 嘗欲作一說하여 敎人只將大學하여 一日去讀一遍하여
우왈 상욕작일설   교인지장대학   일일거독일편

看他如何是大人之學이며 如何是小學이면 如何是明明德이며
간타여하시대인지학   여하시소학   여하시명명덕

如何是新民이며 如何是止於至善고하여 日日如是讀하여
여하시신민   여하시지어지선   일일여시독

月來日去면 自見所謂溫故而知新이니라
월래일거   자견소위온고이지신

須是知新이라 日日看得新이라여 方得이니
수시지신   일일간득신   방득

却不是道理解新이요 但自家這箇意思長長地新이니라.
각불시도리해신   단자가저개의사장장지신

또 말하였다. "내 일찍이 한 말을 지어 사람들을 가르치려 하노니, 다만《대학》을 가지고 하루에 한 차례씩 읽어 저 어떤 것이 이 대인의 학문이며, 어떤 것이 이《소학》이며, 어떤 것이 명명덕明明德이며, 어떤 것이 이 신민新民이며, 어떤 것이 이 지어지선止於至善인가를 보아, 날마다 이와 같이 읽어, 달이 가고 날이 가면 스스로 보게 될 것

이니, 이른바 '온고이지신溫故而知新'이라는 것이다. 모름지기 새로운 것을 알아야 하니, 날마다 새로운 것을 보아야 될 것이다. 이는 도리道理가 새로워지는 것이 아니요, 다만 자기의 의사가 자라나 새로워지는 것이니라."

讀大學에 初間에 也只如此讀이요 後來에 也只如此讀이로되
독대학   초간   야지여차독   후래   야지여차독

只是初間讀得엔 似不與自家相關이라가
지시초간독득   사불여자가상관

後來看熟하면 見許多說須著如此做요 不如此做自不得이니라.
후래간숙   견허다설수저여차주   불여차주자부득

《대학》을 읽을 때에는 처음에도 다만 이와 같이 읽고, 후에도 다만 이와 같이 읽되, 다만 처음 읽을 때에는 자기와 상관이 없는 듯하다가 뒤에 익숙해지면 허다한 말씀이 모름지기 이와 같이 공부工夫하여야 할 것이요, 이와 같이 공부하지 않으면 스스로 깨닫지 못할 것이니라.

讀書에 不可貪多하니 當且以大學爲先하여 逐段熟讀精思하여
독서   불가탐다   당차이대학위선   축단숙독정사

須令了了分明이라야 方可改讀後段하되
수령료료분명   방가개독후단

看第二段에 却思量前段하여 令文意連屬이 却不妨이니라.
간제이단   각사량전단   영문의연속   각불방

독서를 할 적에는 많은 것을 탐해서는 안 되니, 마땅히 우선 《대학》으로써 먼저를 삼아 단락마다 익숙히 읽고 면밀히 생각하여, 모름지기 똑똑하고 분명하게 하고서야 바야흐로 뒷 단락을 바꾸어 읽되, 제2의 단락을 볼 때에는 앞 단락을 생각하여 글 뜻이 연결되게 함이 무방할 것이다.

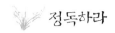 정독하라

問大學稍通에 方要讀論語한대
문대학초통   방요독론어

日 且未可하니 大學稍通이면 正好著心精讀이니라
왈 차미가   대학초통   정호저심정독

前日讀時엔 見得前하고 未見得後面하며 見得後하고 未見得前面이러니
전일독시   견득전   미견득후면   견득후   미견득전면

今識得大綱體統이면 正好熟看이니 讀此書功深이면 則用博이니라
금식득대강체통   정호숙간   독차서공심   즉용박

昔에 尹和靖이 見伊川半年에 方得大學西銘看이러니
석   윤화정   견이천반년   방득대학서명간

今人은 半年에 要讀多少書로다.
금인   반년   요독다소서

묻기를 "《대학》을 조금 통하면 바야흐로《논어》를 읽으면 됩니까?"
하자, 대답하기를, "아직은 아니다. 《대학》을 조금 통하였으면 바로
마음을 붙여 정독情讀함이 좋다. 전일에 읽을 때에는 전면만 보고 후
면은 보지 못하며, 후면만 보고 전면은 보지 못하였는데, 이제 대강大
綱과 체통體統을 알았으니, 익숙히 읽는 것이 참으로 좋을 것이다. 이

책을 읽어 공력이 깊어지면 쓰임이 넓을 것이다. 옛날에 윤화정은 이천을 뵌 지 반년 만에 바야흐로《대학》과 서명西銘을 볼 수 있었는데, 지금 사람들은 반년 동안에 많은 책을 읽으려고 한다.

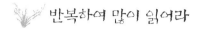# 반복하여 많이 읽어라

某且要人讀此는 是如何오 緣此書却不多而規模周備일새니라
모차요인독차   시여하   연차서각부다이규모주비

凡讀書에 初一項에 須著十分工夫了면
범독서   초일항   수저십분공부료

第二項엔 只費得八九分工夫요 第三項엔 便只費得六七分工夫라
제이항   지비득팔구분공부   제삼항   변지비득육칠분공부

少間讀漸多하면 自通貫이니 他書는 自著不得多工夫이니라.
소간독점다   자통관   타서   자저부득다공부

내가 우선 이 책을 읽으라고 하는 것은 어째서인가? 이 책은 분량이 많지 않으면서도 규모가 두루 완비되었기 때문이다. 무릇 책을 읽을 적엔 첫 번째 1항에 모름지기 10분의 공부를 하여야 하니, 이렇게 하면 제2항에는 다만 8·9분의 공부를 허비하면 되고, 제3항에는 다만 6·7분의 공부를 허비하면 된다. 얼마동안 읽기를 점점 많이 하면 저절로 통관通貫되어, 다른 책은 자연히 많은 공부를 하지 않아도 된다."하였다.

항시 암송하고 묵묵히 생각하며 반복하여 연구하라

看大學에 俟見大指하여 乃及他書니라
간대학　사견대지　　　내급타서

但看時에 須是更將大段하여 分作小段하여 字字句句를 不可容易放過요
단간시　수시경장대단　　분작소단　　자자구구　　불가용이방과

常時暗誦黙思하여 反覆研究하여 未上口時엔 須教上口하고
상시암송묵사　　반복연구　　미상구시　수교상구

未通透時엔 須教通透하고 已通透後하고 便要純熟하여
미통투시　수교통투　　이통투후　　변요순숙

直待不思索時에도 此意常在心胸之間하여 驅遣不去라야
직대불사삭시　　차의상재심흉지간　　구견불거

方是此一段了하고 又換一段看이니
방시차일단료　　우환일단간

令如此數段之後엔 心安理熟하여 覺工夫省力時에 便漸得力也리라.
령여차수단지후　　심안리숙　　각공부성력시　변점득력야

《대학》을 보고 대지大指를 알 수 있기를 기다려 다른 책에 미쳐야 한
다. 다만 볼 때에 모름지기 다시 큰 단락을 가지고 나누어 작은 단락
으로 만들어, 자자구구를 용이하게 지나쳐 버려서는 아니 될 것이요,

항시恒時 암송暗誦하고 묵묵히 생각하며 반복하여 연구하여야 한다. 연구해서 아직 입에 오르지 않았을 때에는 모름지기 입에 오르게 하고, 아직 통투(通透; 사리를 꿰뚫어 깨달아서 환함)하지 못했을 때에는 모름지기 통투하게 하고, 이미 통투한 뒤에는 능수능란하기를 요구하여, 곧바로 사색하지 않을 때에도 이 뜻이 항상 마음과 가슴 사이에 있어서 쫓아 보내도 가지 않기를 기다려서야 바야흐로 이 한 단락을 마치고, 또 한 단락을 바꾸어 보아야 할 것이다. 이와 같이하기를 몇 단락을 한 뒤에는 마음이 편안하고 이치가 익숙해져서 공부하기에 힘이 들지 않는 것을 느낄 때에 점점 실력을 얻게 될 것이다.”

빈껍데기만 얻는다면 유익함이 없다

又曰 大學은 是一箇腔子니 而今却要塡敎他實이라
우왈 대학   시일개강자   이금각요전교타실

如他說格物엔 自家須是去格物後塡敎他實이요 著誠意亦然이니
여타설격물   자가수시거격물후전교타실   저성의역연

若只讀得空殼子하면 亦無益也니라.
약지독득공각자   역무익야

또 말하였다. "《대학》은 바로 하나의 강자(腔子; 빈칸)이니, 그런데 지금에 도리어 다른 실제로 하여금 메워 꽉 차게 하여야 한다. 예컨대 저 격물(格物; 사물의 이치를 연구하여 궁극에 도달함)을 말한 것에는 자신이 모름지기 격물한 뒤에 메워 꽉 차게 하여야 한다. 성의盛意를 지을 때에도 또한 이렇게 하여야 한다. 만일 빈껍데기만을 얻는다면 또한 유익함이 없다."

讀大學이 豈在看他言語리오
독대학   기재간타언어

正欲驗之於心如何니 如好好色 惡惡臭를 試驗之吾心하여
정욕험지어심여하   여호호색 악악취   시험지오심

果能 好善惡惡如此乎아 閒居爲不善이 是果有此乎아하여
과능 호선악악여차호   한거위불선   시과유차호

一有不至어든 則勇猛奮躍不已라야 必有長進이니라
일유부지　　즉용맹분약불이　　필유장진

今不知如此하면 則書自書 我自我니 何益之有리오.
금부지여차　　즉서자서 아자아　　하익지유

《대학》을 읽는 것이 어찌 그 언어言語를 봄에 있으리오. 바로 이 마음에 어떠한가 경험하려고 해야 하니, 마치 호색好色을 좋아하듯이 하고 악취惡臭를 미워하듯이 함을 내 마음에 시험하여, 과연 능히 선을 좋아하고 악을 미워함을 이와 같이 하는가? 한가롭게 거처할 때에 불선不善함이, 대저 과연 이러함이 나에게도 있는가 하여, 하나라도 지극하지 못함이 있으면, 용맹하게 분발하고 뛰어 일어나 그치지 않아야 반드시 큰 진전이 있는 것이다. 이제 이와 같이 할 줄을 알지 못하면 책은 책대로 이고 나는 나대로일 것이니 무슨 유익함이 있겠는가?

대학을 통달해야 다른 책을 읽을 수 있다

又曰 某一生에 只看得這文字透하여 見得前賢所未到處로다
우왈 모일생   지간득저문자투   견득전현소미도처

溫公이 作通鑑하고 言平生精力아 盡在此書라 하더니
온공   작통감   언평생정력   진재차서

某於大學에 亦然하노니 先須通此라야 方可讀他書니라.
모어대학   역연   선수통차   방가독타서

또 말하였다. "나는 일생에 다만 저 문자를 보고 깨달아, 옛 현인들이
미처 보지 못한 것을 보았노라. 사마온공司馬溫公이 《통감洞鑑》을 짓
고, '평생의 정력이 모두 이 책에 있다.' 하였는데, 나도 《대학》에 있어
또한 그러하다. 먼저 모름지기 이 책을 통달하여야 비로소 다른 책을
읽을 수 있을 것이다."

주해를 통해 자세히 보아야 한다

又曰 伊川이 舊日敎人에 先看大學하시니
우왈 이천   구일교인   선간대학

那時엔 未解說이러니
나시   미해설

而今有註解하여 覺大段分曉了하니 只在仔細看이니라.
이금유주해   각대단분효료   지재자세간

또 말하였다. "이천伊川이 옛날 사람을 가르칠 적에 제일 먼저《대학》
을 보게 하였다. 그 때에는 해설이 없었는데, 지금에는 주해註解가 있
어 대단히 분명함을 알 수 있게 되었으니, 다만 자세히 보는데 달려
있을 것이다."

하나하나 단락마다 깨우쳐야 한다

又曰 看大學엔 且逐章理會하여
우왈 간대학　차축장리회

先將本文念得하고 次將章句來解本文하고 又將或問來參章句니라
선장본문념득　차장장구래해본문　우장혹문래삼장구

須逐一令記得하여 反覆尋究하여 待他浹洽하여 旣逐段曉得이어든
수축일령기득　반복심구　대타협흡　기축단효득

却統看溫尋過니라.
각통간온심과

또 말하였다. "《대학》을 볼 때에는 우선 장마다 하나하나 깨달아 알아야 한다. 그리하여 먼저 본문을 가지고 생각하여 알고, 다음에 문장의 단락을 가지고 본문을 해석하고, 또다시 의문을 가지고 문장의 단락을 참고하여, 모름지기 하나하나 기억하여 반복해서 찾고 연구하여 다른 것에도 두루 미쳐 젖기를 기다려 이미 단락마다 깨우쳤으면 다시 통합해 보고 복습하여 넘어가야 한다."

대학에는 사람이 행해야 할 바른 길이 있다

又曰 大學一書는 有正經하고 有章句하고 有或問하니
우왈 대학일서　유정경　　유장구　　유혹문

看來看去면 不用或問하고 只看章句便了요 久之면 又只看正經便了요
간래간거　불용혹문　　지간장구변료　구지　우지간정경변료

又久之면 自有一部大學이 在我胸中하여 而正經亦不用矣리라
우구지　자유일부대학　재아흉중　　이정경역부용의

然이나 不用某許多工夫면 亦看某低不出이요
연　　불용모허다공부　역간모저불출

不用聖賢許多工夫면 亦看聖賢底不出이니라.
불용성현허다공부　역간성현저불출

또 말하였다. "《대학》한 권에는 사람이 행해야 할 바른 길이 있고, 문
장의 단락이 있고, 물음이 있으니, 보아가고 보아오면 혹문或問을 사
용하지 않고 다만 장구章句만 보아도 곧 될 것이다. 오래되면 또 다만
정치와 경제를 보면 될 것이요, 또 오래하면 자연히 한 권의 대학이
자신의 가슴 속에 있어서 정치와 경제 또한 필요가 없게 될 것이다.
그러나 나의 허다한 공부를 쓰지 않는다면 또한 나를 보는 것이 되지
못할 것이요, 성현聖賢의 허다한 공부를 쓰지 않는다면 또한 성현을
보는 것도 되지 못할 것이다."

혹문或問을 보라

又曰 大學解本文未詳者를 於或問中에 詳之하니
우왈 대학해본문미상자　어혹문중　상지

且從頭逐句理會하여 到不通處이어든 却看하라
차종두축구리회　도불통처　각간

或問은 乃註脚之註脚이니라.
혹문　내주각지주각

또 말하였다. "《대학》에 본문을 해석한 것이 상세하지 못한 것을 혹
문或問에서 상세히 말하였으니, 우선 처음부터 글귀마다 깨달아 앞에
통달하지 못하는 곳에 이르거든 다시 보라. 혹문은 이에 각주의 각주
이다.

某解書에 不合太多일새 又先準備學者하여 爲他說疑說了하니
모해서　불합태다　우선준비학자　위타설의설료

所以致得學者看得容易了니라.
소이치득학자간득용이료

내가 글을 해석함에 너무 많이 할 것이 없고, 또 우선 배우는 자들을 대비하여, 의문
을 달리 만들어 설명하였으니, 이는 배우는 자들이 보기에 용이하게 하기 위함이다.

간략한 설명으로도 재미있을 것이다

人只說某說大學等不略說하여 使人自致思라 하니 此事大不然이라
인지설모설대학등불략설   사인자치사   차사대불연

人之爲學이 只爭箇肯與不肯耳니 他若不肯向這裏면 略亦不解致思요
인지위학   지쟁개긍여부긍이   타약불긍향저리   약역불해치사

他若肯向此一邊이면 自然有味하여 愈詳愈有味하리라.
타약긍향차일변   자연유미   유상유유미

사람들은 다만 '내가 《대학》 등을 해석함에 간략히 설명하여 사람들
로 하여금 스스로 생각을 다하도록 하지 않았다.'고 말하는데, 이 일
은 절대로 그렇지 않다. 사람들이 학문을 함에는 다만 즐겨하는가 즐
겨하지 않는가를 따질 뿐이니, 저들이 만일 이 학문學問 속으로 향하
기를 즐겨하지 않는다면 간략해도 또한 생각을 다할 줄 모를 것이요,
저들이 만일 이 한 쪽으로 향하기를 즐겨한다면 자연히 재미가 있어
더욱 상세할수록 더욱 재미가 있을 것이다."

제왕학 대학
대학장구대전

帝王學 大學
大學章句大全

子程子曰 大學은 孔氏之遺書니 而初學入德之門也라
자정자왈 대학 공씨지유서 이초학입덕지문야

於今에 可見古人爲學次第者는 獨賴此篇之存이요 而論孟次之하니
어금 가견고인위학차제자 독뢰차편지존 이론맹차지

學者必由是而學焉이면 則庶乎其不差矣리라.
학자필유시이학언 즉서호기불차의

자정자가 말하였다.

"《대학》은 공자께서 남긴 글이고 덕의 문으로 들어감에 있어 처음으로 배운다. 옛 사람들이 학문하는 순서를 잘 볼 수 있는데, 그것은《논어》와《맹자》를 보는 것으로 이어지니 학자는 이로 반드시 말미암아서 배우면 즉 거의 차이가 없을 것이다."

경문

經文

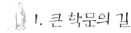# I. 큰 학문의 길

大學之道는 在明明德하며
대학지도   재명명덕

在新民하며 在止於至善이니라.
재신민   재지어지선

큰 학문의 길은 밝았던 덕을 밝히는 데 있고, 백성을 새롭게 함에 있
으며, 지극한 선에 머무르게 하는 데 있다.

程子曰 親은 當作新이라.
정자왈 친   당작신

大學者는 大人之學也라 明은 明之也라
대학자   대인지학야   명   명지야

明德者는 人之所得乎天而虛靈不昧하여 以具衆理而應萬事者也라.
명덕자   인지소득호천이허령불매   이구중리이응만사자야

정자가 말하기를, 친親은 신新으로 바꿔야 당연하다고 했다. 《대학》은 대인의 학문이
다. 명明은 밝힘이다. 명덕(明德; 공명정대한 덕행)은 사람이 하늘에서 얻은 것인데 마음
이 텅 비고 신령스럽고 어둡지 않아서 온갖 이치를 구비하고 있기 때문에 만사에 감
응하는 것이다.

但爲氣稟所拘와 人欲所蔽면 則有時而昏이라
단위기품소구   인욕소폐   즉유시이혼

然이나 其本體之明은 則有未嘗息者라
연   기본체지명   즉유미상식자

故로 學者當因其所發而遂明之하여 以復其初也라
고   학자당인기소발이수명지   이부기초야

新者는 革其舊之謂也니
신자   혁기구지위야

言旣自明其明德이면 又當推以及人하여 使之亦有以去其舊染之汚也라
언기자명기명덕이면   우당추이급인   사지역유이거기구염지오야

止者는 必至於是而不遷之意요 至善은 則事理當然之極也라
지자   필지어시이불천지의   지선   즉사리당연지극야

言 明明德. 新民을 皆當止於至善之地而不遷이니
언 명명덕 신민   개당지어지선지지이불천

蓋必其有以盡夫天理之極이여 而無一毫人欲之私也라
개필기유이진부천리지극   이무일호인욕지사야

此三者는 大學之綱領也라.
차삼자   대학지강령야

다만 기품에 구애된 바와 사람의 욕망에 가려진 바가 되면 때로 어두울 수 있다. 그 본체의 밝음은 일찍이 종식된 것은 없다. 그러므로 배우는 자가 마땅히 그 발생하는 것에 의거하여 마침내 밝혀서 그 처음을 회복하여야 한다. 신新은 옛 것을 고침을 이른다. 이미 스스로 그 명덕을 밝혔으면, 또 마땅히 미루어 남에게까지 미쳐서, 그로 하여금 또한 옛날에 물든 더러움을 제거함이 있음을 말한 것이다. 지는 반드시 이에 이르러 옮기지 않는 뜻이요, 지선至善은 사리의 당연함이 최고인 것이다. 이는 명명덕과 신민을 다 마땅히 지선의 경지에 멈추어 옮기지 않음을 말한 것이니, 반드시 그 천리의 최고 경지를 다하는 것이라 생각하며 한 가닥의 털만큼이라도 사람의 사사로움이 없는 것이다. 이 세 가지는 대학의 강령이다.

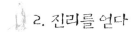 ## 2. 진리를 얻다

知止而后에 有定이니
지지이후　유정

定而后에 能靜하고
정이후　능정

靜而后에 能安하고
정이후　능안

安而后에 能慮하고
안이후　능려

慮而后에 能得이니라.
려이후　능득

가서 머물러야 할 목적지를 안 뒤에 정함이 있으니, 정한 뒤에 능히 고요하고, 고요한 뒤에 능히 편안하고, 편안한 뒤에 능히 생각할 수 있으며, 생각한 진리를 얻을 수 있다.

3. 먼저 하고 뒤에 할 것을 알면 진리에 가까워진다

物有本末하고 事有終始하니
물유본말　　사유종시

知所先後면 則近道矣리라.
지소선후　　즉근도의

존재하는 모든 사물에는 존재의 구조에 뿌리(근본)와 지엽(말단)이 있고, 먼저 하고 뒤에 할 것을 알면 도(진리)에 가까워진다.

4. 사물의 이치를 철저히 연구하라

古之欲明明德於天下者는 先治其國하고
고지욕명명덕어천하자　선치기국

欲治其國者는 先齊其家하고 欲齊其家者는 先修其身하고
욕치기국자　선제기가　　욕제기가자　선수기신

欲修其身者는 先正其心하고 欲正其心者는 先誠其意하고
욕수기신자　선정기심　　욕정기심자　선성기의

欲誠其意者는 先致其知하니
욕성기의자　선치기지

致知는 在格物하니라.
치지　재격물

옛날에 공명정대한 덕행을 천하에 밝히고자 하는 자는 먼저 그 나라를 다스리고, 그 나라를 다스리고자 하는 자는 먼저 그 집안을 가지런히 하고, 그 집안을 가지런히 하고자 하는 자는 먼저 그 몸을 닦고, 그 몸을 닦고자 하는 자는 먼저 그 마음을 바로잡으며, 그 마음을 바로잡고자 하는 자는 먼저 그 뜻을 성실히 하고, 그 뜻을 성실히 하고자 하는 자는 먼저 그 지식을 지극히 하였으니, 지식을 지극히 함은 사물의 이치를 철저히 연구하는 데 있다.

5. 사물의 연구로써 천하가 태평해질 수 있다

物格而后에 知至하고 知至而后에 意誠하고

물격이후　지지　　지지이후　의성

意誠而后에 心正하고 心正而后에 身修하고

의성이후　심정　　심정이후　신수

身修而后에 家齊하고 家齊而后에 國治하고

신수이후　가제　　가제이후　국치

國治而后에 天下平이니라.

국치이후　천하평

사물이 연구된 후에 지식이 이루어지고, 지식이 이루어진 뒤에야 뜻
이 성실해지고, 뜻이 성실해진 뒤에 마음이 바르게 되고, 마음이 바
르게 된 뒤에 몸이 닦아지고, 몸이 닦아진 뒤에 집안이 안락해지고,
집안이 안락해진 뒤에 나라가 다스려지고, 나라가 다스려진 뒤에 천
하가 태평해진다.

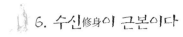

6. 수신修身이 근본이다

自天子로 以至於庶人이
자천자　이지어서인

壹是皆以修身爲本이니라
일시개이수신위본

其本이 亂 而末治者 否矣며
기본　란 이말치자 부의

其所厚者에 薄이요
기소후자　박

而其所薄者에 厚는 未之有也니라.
이기소박자　후　미지유야

천자로부터 일반에 이르기까지 모두 하나같이 몸을 닦는 것을 근본
으로 삼아야 한다.
그 근본이 어지러운데도 말단이 다스려지는 것은 없으며, 그 두텁게
여겨져야 될 것이 엷게 여겨지고, 그 엷게 여겨져야 될 것이 두텁게
여겨지는 경우는 아직 있지 않다.

전문

傳文

1. 덕을 스스로 밝히다

康誥曰 克明德이라 하며,
강고왈 극명덕

太甲曰 顧諟天之明命이라 하며,
태갑왈 고시천지명명

帝典曰 克明峻德이라 하니 皆自明也니라.
제전왈 극명준덕   개자명야

강고康誥에 이르기를 '능히 덕을 밝힌다.'하였으며,《강고》는《서경書
經》의 편명으로, 무왕武王이 아우 강숙康叔을 위해 경계한 말이다.
태갑太甲에 이르기를, '이 하늘의 밝은 명命을 돌아본다.'하였으며, 태
갑은《서경》의 편명으로 은殷의 정승 이윤李尹이 탕湯의 덕을 말함
으로써 그 임금 태갑에게 훈계한 말이다.
제전에서는 '능히 큰 덕을 밝힌다.'고 하였으니 모두 스스로 밝히는
것이다.

1. 군자는 최선의 방법을 쓴다

湯之盤銘曰 苟日新이어든 日日新하고 又日新이라 하며,
탕지반명왈 구일신   일일신   우일신

康誥曰 作新民이라 하며,
강고왈 작신민

詩曰 周雖舊邦이나 其命維新이라 하니,
시왈 주수구방   기명유신

是故로 君子는 無所不用其極이니라.
시고   군자   무소불용기극

탕왕의 세숫대야에 새겨진 명문에는 '진실로 날마다 새롭기를 원하
거든 나날이 새롭게 하고, 또 나날이 새롭게 하라!'하였으며,
《서경》의 강고 편에서는 '백성을 진작시켜 새롭게 한다.'고 하였으며,
《시경》에 이르기를 '주나라가 비록 오래된 나라이나, 그 천명이 새롭
다.'고 하였으니, 이러므로 군자는 그 최선의 방법을 쓰지 않는 바가
없는 것이다.

제3장 지극히 착한 경지에 이르다(止於至善)

1. 머물 곳을 알아야 한다

詩云 邦畿千里여 惟民所止라 하니라
시 운 방 기 천 리　　유 민 소 지

詩云 緡蠻黃鳥여 止于丘隅라 하여늘
시 운 면 만 황 조　　지 우 구 우

子曰 於止에 知其所止로 소니
자 왈 어 지　　지 기 소 지

可以人而不如鳥乎아 하시니라.
가 이 인 이 불 여 조 호

《시경》에 이르기를 '이 나라 천리의 넓은 땅이여, 오직 백성들이 머물러 사는 곳이다.'
또 《시경》에 이르기를 '꾀꼴꾀꼴 우는 꾀꼬리는 언덕의 구석진 곳에 머문다.'고 하거늘, 공자께서 말씀하시기를 '머무는 데 있어서는 (새들도) 그 머물 곳을 알거늘 사람으로서 새만 못해서야 되겠는가?' 하였다.

2. 문왕은 경건하게 머물다

詩云 穆穆文王이여 於緝熙敬止라 하니
시운 목목문왕　　오즙희경지

爲人君엔 止於仁하시고 爲人臣엔 止於敬하시고
위인군　　지어인　　위인신　　지어경

爲人子엔 止於孝하시고 爲人父엔 止於慈하시고
위인자　　지어효　　위인부　　지어자

與國人交엔 止於信이러시다.
여국인교　　지어신

《시경》에 이르기를, '공경하올 문왕이여, 아! 계속하여 빛나고 경건
하게 머문다.' 하였으니, 남의 임금이 되어서는 어진데 머무셨고, 남의
신하가 되어서는 공경에 머무셨고, 남의 자식이 되어서는 효도의 상
태에 머물고 남의 아버지가 되어서는 자애에 머무셨고, 다른 나라 사
람들과 더불어 사귐에 있어서는 신의에 머무셨다.

3. 문채 나는 군자의 덕을 잊지 못하다

詩云 瞻彼淇澳한대 菉竹猗猗로다
시운 첨피기욱   녹죽의의

有斐君子여 如切如磋하며 如琢如磨로다
유비군자   여절여차   여탁여마

瑟兮僩兮며 赫兮喧兮니 有斐君子여 終不可諼兮라 하니
슬혜한혜   혁혜훤혜   유비군자   종불가훤혜

如切如磋者는 道學也요 如琢如磨者는 自修也요
여절여차자   도학야   여탁여마자   자수야

瑟兮僩兮者는 恂慄也요 赫兮喧兮者는 威儀也요
슬혜한혜자   순률야   혁혜훤혜자   위의야

有斐君子終不可諼兮者는 道盛德至善을 民之不能忘也니라.
유비군자종불가훤혜자   도성덕지선   민지불능망야

《시경》에 이르기를, '저 기수의 물가를 보니, 푸른 대나무가 무성하구나! 또 문채文彩 나는 군자여, 잘라놓은 듯하고, 간 듯하며, 쪼아놓은 듯하고, 가는 듯하다. 엄밀하고 굳세며, 빛나고 점잖으니, 문채 나는 군자여, 끝내 잊을 수 없다.'하였으니, 여절여차如切如磋는 학문을 말한 것이요, 여탁여마如琢如磨는 스스로 행실을 닦음이요, 슬혜한혜瑟

兮僩兮는 마음속으로 두려워함이요. 혁혜훤혜赫兮喧兮는 겉으로 드러나는 위의威儀요, 문채 나는 군자여! 끝내 잊을 수 없다는 것은 그 무성한 덕과 지극히 착한 것을 백성이 능히 잊지 못함을 말한 것이다.

4. 선왕의 덕을 잊지 못하다

詩云 於戱라
시운 오호

前王不忘이라 하니
전왕불망

君子는 賢其賢而親其親하고
군자   현기현이친기친

小人은 樂其樂而利其利하나니
소인   락기락이리기리

此以沒世不忘也니라.
차이몰세불망야

《시경》에 이르기를 '아아! 앞서간 왕들의 덕을 잊지 못한다.'하였으니, 군자는 그(전왕) 어짊을 어질게 여기고, 그 친한 이를 친히 여기며, 소인은 그 즐겁게 해 주심을 즐거워하고, 그 이롭게 해주심을 이롭게 여기니, 이 때문에 세상을 다하도록 잊히지 아니하는 것이다.

제4장 시작과 끝, 근본을 알다

1. 근본을 알다

子曰 聽訟이 吾猶人也나 必也使無訟乎인저 하시니

자왈 청송　오유인야　필야사무송호

無情者 不得盡其辭는 大畏民志니

무정자 부득진기사　대외민지

此謂知本이니라.

차위지본

공자께서 말씀하시기를 "송사訟事를 듣고 처리하는 것은 나도 할 수 있으나, 반드시 백성들로 하여금 송사함이 없게 하겠다."하셨으니, 진실함이 없는 자가 그 하고 싶은 말을 다하지 못하게 함은 백성의 마음을 크게 두렵게 하기 때문이니, 이것을 일러 근본을 안다고 하는 것이다.

1. 사물의 이치를 궁구하다

此謂知之至也니라.
차위지지지야

間嘗竊取程子之意하여 以補之하니
간상절취정자지의   이보지

曰所謂致知在格物者는 言 欲致吾之知인댄 在卽物而窮其理也라
왈소위치지재격물자   언 욕치오지지   재즉물이궁기리야

蓋人心之靈이 莫不有知요 而天下之物이 莫不有理언마는
개인심지령   막불유지   이천하지물   막불유리

惟於理에 有未窮이라 故로 其知有不盡也니
유어리   유미궁   고   기지유부진야

이것을 일러 '지혜가 이르는 것이다.'고 하는 것이다.

근간에 시험 삼아 내 일찍이 정자程子의 뜻을 취하여 빠진 부분을 다음과 같이 보충하였다. '이른바 지혜를 이룸이 사물의 이치를 궁구함에 있다는 것은, 나의 지혜를 지극히 하고자 한다면 사물에 나아가 그 이치를 궁구함에 있음을 말한 것이다.

대개 사람 마음의 신령함은 지혜를 가지고 있지 않음이 없고, 천하의 사물은 이치가 있지 않음이 없건마는, 다만 이치에 대하여 궁구하지 않음이 있기 때문에 그 앎이 다하지 못함이 있는 것이다.

2. 사물의 연구가 지혜를 이루게 한다

是以로 大學始敎에 必使學者로 卽凡天下之物하여
시이   대학시교   필사학자로 즉범천하지물

莫不因其已知之理而益窮之하여 以求至乎其極하나니
막불인기이지지리이익궁지   이구지호기극

至於用力之久하여 而一旦에 豁然貫通焉이면
지어용력지구   이일단   활연관통언

則衆物之表裏精粗가 無不到하고 而吾心之全體大用이 無不明矣리니
즉중물지표리정조   무부도   이오심지전체대용이 무불명의

此謂物格이며 此謂知之至也니라.
차위물격   차위지지지야

이 때문에《대학》에서 처음 가르칠 때에 반드시 배우는 자들로 하여
금 모든 천하의 사물에 나아가서 그 이미 알고 있는 이치로 인하여
더욱 궁구해서 그 극진한 데 이르는 것을 구하지 않음이 없게 하는
것이다. 그리하여 힘쓰기를 오래해서 하루아침에 환하게 터져 관통
함에 이르면, 모든 사물의 바깥과 속, 정밀한 것과 거친 것이 이르지
않음이 없을 것이요, 내 마음의 전체와 큰 작용이 밝지 않음이 없을
것이니, 이것을 사물이 연구된다고 하는 것이며, 이것을 지혜를 이루
어짐이라 하는 것이다.'

제6장 군자는 그 뜻을 성실히 하는 것이다

1. 홀로 있음을 삼가라

所謂誠其意者는 毋自欺也니 如惡惡臭하며
소위성기의자　무자기야　여오악취

如好好色이 此之謂自謙이니
여호호색　차지위자겸

故로 君子는 必愼其獨也니라.
고　군자　필신기독야

이른바 그 뜻을 성실히 한다는 것은 자기 스스로 속이지 아니하는 것이니, 악을 미워하기를 악취를 미워하는 것과 같이 하며, 선을 좋아하기를 좋은 빛을 좋아하는 것과 같이 하여야 하니, 이것을 자족하는 것이라 일컫는 것이니 그러므로 군자는 반드시 그 홀로 있음을 삼가는 것이다.

2. 마음에 성실하면 외면에 나타난다

小人閒居에 爲不善호되
소인한거   위불선

無所不至하다가 見君子而后에 厭然揜其不善하고 而著其善하나니
무소부지   견군자이후   암연엄기불선   이저기선

人之視己 如見其肺肝然이니 則何益矣리오
인지시기 여견기폐간연   즉하익의

此謂 誠於中이면 形於外라
차위 성어중   형어외

故로 君子는 必愼其獨也니라.
고   군자   필신기독야

소인이 한가로이 있을 때에 착하지 아니한 짓을 하되 이르지 못하는
바가 없다가, 군자를 본 뒤에 겸연쩍게 그 착하지 아니함을 가리고
선함을 드러내나니, 남들이 자기를 보기를 자신의 폐부肺腑을 보듯
이 할 것이니, 그렇다면 무슨 유익함이 있겠는가. 이것을 일러, '중심
에 성실하면 외면에 나타난다.'고 하는 것이다. 그러므로 군자는 반드
시 그 홀로 있을 때를 삼가야 하는 것이다.

3. 자신을 속이지 마라

曾子曰 十目所視며 十手所指니 其嚴乎인저.

증자왈 십목소시   십수소지   기엄호

증자께서 말하기를 "열 눈이 쳐다보는 바이며, 열 손가락이 가리키는
바이니, 그 엄하도다!"고 하였다.

4. 뜻을 성실하게 하라

富潤屋이요 德潤身이라 心廣體胖하나니
부윤옥   덕윤신   심광체반

故로 君子는 必誠其意니라.
고   군자   필성기의

부富는 집을 윤택하게 하고, 덕德은 몸을 윤택하게 하는 것이다. 덕이
있으면 마음이 넓어지고 몸이 펴진다. 그러므로 군자는 반드시 그 뜻
을 성실히 하는 것이다.

제7장 수신은 몸과 마음을 바로잡는 데 있다

1. 수신을 바르게 해야 바른 것을 얻을 수 있다

所謂修身이 在正其心者는

소위수신 재정기심자

身有所忿懥면 則不得其正하며

신유소분치 즉부득기정

有所恐懼면 則不得其正하며

유소공구 즉부득기정

有所好樂면 則不得其正하며

유소호요 즉부득기정

有所憂患이면 則不得其正이니라.

유소우환 즉부득기정

이른바 몸을 닦음이 그 마음을 바르게 하는 데 있다는 것은, 마음에
성내거나 노여워하는 바가 있으면 그 바른 것을 얻지 못하며, 두려워
하는 것이 있으면 그 바른 것을 얻지 못하며, 좋아하고 즐기는 것이
있으면 그 바른 것을 얻지 못하며, 근심하고 걱정하는 것이 있으면
그 바른 것을 얻지 못한다.

2. 수신은 마음을 바로잡는 데 있다

心不在焉이면
심부재언

視而不見하며
시이불견

聽而不聞하며
청이불문

食而不知其味니라.
식이부지기미

此謂修身이 在正其心이니라.
차위수신   재정기심

마음이 곧 몸에 있지 않으면 보아도 보이지 않으며, 들어도 들리지
않으며, 먹어도 그 맛을 알지 못한다.
이것을 일러 몸을 닦음이 그 마음을 바로잡는 데 있음을 일컫는 것
이다.

1. 수신해야 집안이 안락하다

所謂齊其家 在修其身者는
소위 제기가 재수기신자

人이 之其所親愛而辟焉하며 之其所賤惡而辟焉하며
인   지기소친애이벽언   지기소천오이벽언

之其所畏敬而辟焉하며 之其所哀矜而辟焉하며 之其所敖惰而辟焉하나니
지기소외경이벽언   지기소애긍이벽언   지기소오타이벽언

故로 好而知其惡하며 惡而知其美者 天下에 鮮矣니라.
고   호이지기악   오이지기미자 천하   선의

故로 諺에 有之하니
고   언   유지

曰 人이 莫知其者之惡하며 莫知其苗之碩이라 하니라.
왈 인   막지기자지악   막지기묘지석

此謂身不修면 不可而齊其家니라.
차위신불수   불가이제기가

이른바 그 집안을 안락하게 함이 그 몸을 닦는데 있다는 것은, 사람
들이 그 친하고 사랑하는 것에 치우치게 되며, 그 천히 여기고 미워
하는 것에 치우치게 되며, 그 두려워하고 존경하는 것에 치우치게 되

며, 가엾게 여기고 불쌍히 여기는 것에 치우치게 되며, 거만하고 태만히 하는 바에 치우치게 된다. 그러므로 좋아하면서도 그의 나쁜 점을 알며, 미워하면서도 그의 아름다움을 아는 자가 천하에 적은 것이다. 그러므로 속담에 이러한 말이 있으니, '사람들이 그 자식의 나쁜 것을 알지 못하며, 그 싹[苗]의 자라남을 알지 못한다.'하였다.

이것을 일러 '몸이 닦아지지 않으면 그 집안을 안락하게 할 수 없다.'고 하는 것이다.

1. 나라를 다스리려면 먼저 집안을 안락하게 하라

所謂治國이 必先齊其家者는 其家를 不可敎요 而能敎人者無之라
소위치국　필선제기가자　기가　불가교　이능교인자무지

故로 君子는 不出家而成敎於國하나니
고　군자　불출가이성교어국

孝者는 所以事君也요
효자　소이사군야

弟者는 所以事長也요
제자　소이사장야

慈者는 所以使衆也니라.
자자　소이사중야

이른바 나라를 다스림이 반드시 먼저 그 집안을 안락하게 하는 것이라 함은 자기 집안을 가르치지 못하면서 능히 남의 집안을 가르칠 수 있는 자가 없기 때문이다. 그러므로 군자君子는 집을 나가지 않고 나라에 가르침을 이루는 것이다. 부모에 효도하는 마음이 군주를 섬기는 것이요, 형에게 공경하는 마음이 윗사람을 섬기는 것이요, 자녀를 사랑하는 마음이 여러 백성들을 다스리는 것이다.

2. 마음을 다하여 진실로 구하라

康誥曰 如保赤子라 하니
강고왈 여보적자

心誠求之면 雖不中이나 不遠矣니
심성구지　수부중　　불원의

未有學養子而后에 嫁者也니라.
미유학양자이후　가자야

《서경書經》 강고 편에서 '갓난아기를 보살피듯이 하라.'하였으니, 마음에 진실로 구하면 비록 딱 맞지는 아니할지라도 멀지 않을 것이다. 아이 기르는 것을 배운 후에 시집가는 자는 있지 아니하다.

3. 어진 집안의 사람이 나라를 안정시킨다

一家仁이면 一國이 興仁하고
일가인　　　일국　흥인

一家讓이면 一國이 興讓하고
일가양　　　일국　흥양

一人이 貪戾하면 一國이 作亂하나니
일인　탐려　　일국　작란

其幾如此하니 此謂一言이 僨事며 一人定國이니라.
기기여차　　　차위일언　분사　일인정국

한 집안이 어질면 한 나라가 어진 마음을 일으켜 어질게 되고, 한 집안이 사양하면 한 나라가 사양함을 일으켜 사양을 잘하게 되며, 한 사람이 욕심이 많거나 사나우면 한 나라가 난을 일으키니, 그 이치가 이와 같다. 이것을 일러 '한마디 말이 일을 그르치고, 한 사람이 나라를 안정시킨다.'고 하는 것이다.

4. 나라를 다스리는 것은 그 집안을 안락하게 하는 데 있다

堯舜이 帥天下以仁하신대
요순　솔천하이인

而民이 從之하고 桀紂帥天下以暴한대
이민　종지　　걸주솔천하이포

而民이 從之하니 其所令이 反其所好면 而民이 不從하나니
이민　종지　　기소령　반기소호　이민　부종

是故로 君子는 有諸己而後에 求諸人하며 無諸己而後에 非諸人하나니
시고　군자　유제기이후　구저인　　무저기이후　비저인

所藏乎身이 不恕요 而能喩諸人者 未之有也니라.
소장호신　불서　이능유저인자 미지유야

故로 治國이 在齊其家니라.
고　치국　재제기가

요·순이 천하를 인仁으로써 다스리자 백성들이 그것을 따랐고, 걸·주가 천하를 포악함으로써 거느리자 백성들이 그것을 따랐으니, 그 명령하는 바가 자기(군주)의 좋아하는 것과 반대되면 백성들이 (그 명령을) 따르지 않는다. 그러므로 군자는 자기 몸에 선이 있은 뒤에 남에게 선을 요구하며, 자기 몸에 악이 없는 뒤에 남의 악을 비난하는 것

이다. 자기 몸에 간직하고 있는 것이 관대하지 못하면 능히 남을 깨우치는 자는 있지 않다.

그러므로 나라를 다스리는 것은 그 집안을 안락하게 하는 데 있는 것이다.

5. 집안이 화목한 뒤에 나라 사랑을 가르칠 수 있다

詩云 桃之夭夭여 其葉蓁蓁이로다
시운 도지요요   기엽진진

之子于歸여 宜其家人이라하니 宜其家人而后에 可以敎國人이니라.
지자우귀   의기가인   의기가인이후   가이교국인

《시경》에 이르기를 '복숭아꽃의 예쁘고 아름다움이여, 그 잎이 무성
하구나! 이 아가씨의 시집감이여, 그 집안 식구와도 화목할 것이라.'
하였으니, 그 집안 식구에게 마땅한 뒤에 나라 사람들을 가르칠 수
있는 것이다.

6. 집안이 바로 잡혀야 나라가 바로 잡힌다

詩云 宜兄宜弟라하니 宜兄宜弟而后에 可以敎國人이니라.
시운 의형의제   의형의제이후   가이교국인

《시경》에 이르기를 '형 노릇하는데 마땅하고, 아우에게도 마땅하다'
하였으니, 형은 형 노릇하는데 마땅하고, 아우는 아우노릇 하는데 마
땅하게 된 후에야 나라 사람을 가르칠 수 있는 것이다.

7. 부자와 형제가 본받을 만하게 되어야 한다

詩云 其儀不忒이라 正是四國이라하니
시운 기의불특   정시사국

其爲父子兄弟足法而后에 民이 法之也니라.
기위부자형제족법이후   민   법지야

此謂治國이 在齊其家니라.
차위치국   재제기가

《시경》에 이르기를 '그 거둥이 어그러지지 않는지라, 이 사방의 나라를 바르게 할 것이다.'하였으니, 그 부자와 형제 된 자가 족히 본받을 만하게 된 뒤에야 백성들이 본받는 것이다. 이 때문에 '나라를 다스리는 것이 그 집안을 안락하게 하는 데 있다.'는 것이다.

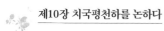

1. 덕이 있는 사람은 남의 마음을 헤아릴 수 있어야 한다

所謂平天下在治其國者는
소위평천하재치기국자

上老老而民興孝하며 上長長而民興弟하며 上恤孤而民不倍하나니
상로로이민흥효   상장장이민흥제   상흘고이민불배

是以로 君子有絜矩之道也니라.
시이   군자유헐구지도야

이른바 천하를 화평하게 함이 그 나라를 다스리는 데 있다는 것은, 윗사람이 늙은이를 늙은이로 대우하면 백성들이 효도하는 마음을 일으키며 윗사람이 어른을 어른으로 대우하면 백성들은 공경하는 마음을 일으키며 윗사람이 외로운 사람을 불쌍히 여기면 백성들도 저버리지 않는다. 그러므로 덕이 있는 사람은 잣대로 재는 방법, 즉 자기의 마음을 미루어 남의 마음을 헤아리는 도덕상의 법도를 가져야 한다.

2. 도덕상의 법도를 잣대로 재는 방법

所惡於上으로 毋以使下하며
소오어상　　무이사하

所惡於下로 毋以事上하며
소오어하　　무이사상

所惡於前으로 毋以先後하며
소오어전　　무이선후

所惡於後로 毋以從前하며
소오어후　　무이종전

所惡於右로 毋以交於左하며
소오어우　　무이교어좌

所惡於左로 毋以交於右가
소오어좌　　무이교어우

此之謂絜矩之道니라.
차지위혈구지도

윗사람을 미워하는 것으로 아랫사람을 부리지 말며, 아랫사람을 미
워하는 것으로 윗사람을 섬기려 하지 말며, 앞사람에게서 싫은 것을
가지고 뒷사람에게 먼저 하지 말며, 뒷사람에게서 싫은 것을 가지고

앞사람에게 하지 말며, 오른쪽에 있는 사람에게서 싫었던 것을 가지고 왼쪽사람과 사귀지 말며, 왼쪽사람에게서 싫은 것을 가지고 오른쪽 사람과 사귀지 말 것이니, 이것을 일러 잣대로 재는 방법이라고 하는 것이다.

3. 군자는 백성의 부모이다

詩云 樂只君子여
시운 락지군자

民之父母라 하니
민지부모

民之所好를 好之하며
민지소호   호지

民之所惡 惡之가 此之謂民之父母니라.
민지소오 오지   차지위민지부모

《시경詩經》에 이르기를 '즐거우신 군자여, 백성의 부모로다.'하였으
니, 백성들이 좋아하는 바를 좋아하며, 백성들이 싫어하는 바를 싫어
함, 이를 일러 백성들의 부모라 하는 것이다.

4. 군자는 편벽되면 안 된다

詩云 節彼南山이여 維石巖巖이로다
시운 절피남산   유석암암

赫赫師尹이여 民具爾瞻이라 하니
혁혁사윤   민구이첨

有國者 不可以不愼이니 辟則爲天下僇矣니라.
유국자 불가이불신   벽즉위천하륙의

《시경詩經》에 이르기를 '우뚝 솟은 저 남산이여, 오직 돌들이 첩첩이
쌓여 있구나! 혁혁한 태사 윤 씨여, 백성들이 모두 너를 본다.'하였으
니, 나라를 다스리는 자리에 앉는 자는 삼가지 않으면 안 되니, 편벽
되면 천하의 죽임이 되는 것이다.

5. 백성을 잃으면 나라를 잃는다

詩云 殷之未喪師엔 克配上帝러니라 儀監于殷이어다
시운 은지미상사   극배상제   의감우은

峻命不易라 하니 道得衆則得國하고 失衆則失國이니라.
준명불이   도득중즉득국   실중즉실국

《시경詩經》에 이르기를 '은나라가 백성을 잃지 않았을 때에는 능히
상제上帝와 짝했었다. 그러니 마땅히 은나라를 거울로 삼을지어다.
큰 명命을 보존하기가 쉽지 않다.'하였으니, 민중을 얻으면 나라를 얻
고, 민중을 잃으면 나라를 잃음을 하는 것이다.

6. 덕은 근본이며 재물은 중요하지 않다

是故로 君子는 先愼乎德이니 有德이면 此有人이요
시고   군자   선신호덕   유덕   차유인

有人이면 此有土요 有土면 此有財요 有財면 此有用이니라.
유인   차유토   유토   차유재   유재   차유용

德者는 本也요 財者는 末也니
덕자   본야   재자   말야

外本內末이면 爭民施奪이니라
외본내말   쟁민시탈

是故로 財聚則民散하고 財散則民聚니라
시고   재취즉민산   재산즉민취

是故로 言悖而出者는 亦悖而入하고 貨悖而入者는 亦悖而出이니라.
시고   언패이출자   역패이입   화패이입자   역패이출

그러므로 군자는 먼저 덕德을 삼가야 하는 것이니, 덕이 있으면 거기
에 사람이 있고, 사람이 있으면 곧 땅이 있고, 땅이 있으면 곧 재물이
있고, 재물이 있으면 쓸 수가 있는 것이다.
덕은 근본이요, 재물은 중요하지 않으니, 근본을 밖으로 하고 말단을
안으로 하면, 백성들은 다투게 하여 약탈을 시행하게 한다.

이 때문에 재물이 모여지면 백성이 흩어지고, 재물이 흩어지면 백성들이 모이는 것이다.

그러므로 말이 어긋나게 나간 것은 또한 어긋나게 들어오고, 재물이 어긋나게 들어온 것은 또한 어긋나게 나가는 것이다.

7. 착하면 얻고, 착하지 못하면 잃는다

康誥曰 惟命은 不于常이라 하니
강고왈 유명   불우상

道善則得之하고 不善則失之矣니라.
도선즉득지   불선즉실지의

강고에 이르기를 '천명天命은 일정한 곳에 머물지 않는다.'하였으니,

착하면 얻고, 착하지 못하면 잃음을 말한 것이다.

8. 착하고 어진 친구가 보배이다

楚書曰 楚國은 無以爲寶요 惟善을 以爲寶라 하나니
초서왈 초국　　무이위보　　유선　　이위보

舅犯曰 亡人은 無以爲寶요 仁親을 以爲寶라 하나라.
구범왈 망인　　무이위보　　인친　　이위보

《초서楚書》에 이르기를 '초나라는 보배로 삼을 것이 없고, 오직 착한
이로써 보배로 삼는다.'하였다.
외삼촌인 범犯이 말하기를 '망명중인 사람은 보배로 여길 것이 없고,
어진 친구를 보배로 여긴다.'하였다.

9. 어진 사람만이 능히 남을 사랑하고 미워할 수 있다

秦誓曰 若有一个臣이 斷斷兮無他技나 其心이 休休焉其如有容焉이라
진서왈 약유일개신   단단혜무타기   기심   휴휴언기여유용언

人之有技를 若己有之하며 人之彦聖을 其心好之가 不啻若自其口出이면
인지유기   약기유지   인지언성   기심호지   불시약자기구출

寔能容之라 以能保我子孫黎民이니 尙亦有利哉인저
식능용지   이능보아자손려민   상역유리재

人之有技를 媢疾以惡之하며 人之彦聖을 而違之하여 俾不通이면
인지유기   모질이오지   인지언성   이위지   비부통

寔不能容이라 以不能保我子孫黎民이니 亦曰殆哉인저
식부능용   이부능보아자손려민   역왈태재

唯仁人이야 放流之호되 迸諸四夷하여 不與同中國하나니
유인인   방류지   병저사이   불여동중국

此謂唯仁人이야 爲能愛人하며 能惡人이니라.
차위유인인   위능애인   능오인

《서경書經》주서의 진서 편에 이르기를 '만일 어떤 한 지조 있는 신하
가 결단력은 있으나 다른 기예技藝가 없으며, 그 마음이 곱고 넓으면
그는 아마 포용력이 있는 사람일 것이다. 남이 가지고 있는 기예를

자기가 소유한 것처럼 여기며, 남의 훌륭하고 성스러움을 그 마음에 좋아함이 자기 입에서 나온 것보다도 더한다면, 이는 능히 남을 포용하는 것이어서, 능히 나의 자손과 백성들을 보존할 것이니, 행여 또한 이로움이 있을 것이다. 남이 가지고 있는 기예를 시기하고 미워하며, 남의 훌륭하고 성스러움을 어겨서 하여금 통하지 못하게 하면, 이것은 능히 포용하지 못하는 것이어서, 나의 자손과 백성을 보전하지 못할 것이니, 또한 위태롭다할 것인가!

오직 어진 사람이어야 이들을 추방하여 유배하되 사방 오랑캐의 땅으로 내쫓아, 더불어 중국에 함께 참여하지 못하겠으니, 이를 일러 '오직 어진 사람이라야 능히 남을 사랑할 수 있으며, 능히 남을 미워할 수 있다.'고 하는 것이다.

10. 어진 사람을 쓰고, 불선한 자를 물리쳐야 한다

見賢而不能擧하며 擧而不能先이 命也요
견현이불능거   거이불능선   만야

見不善而不能退하며 退而不能遠이 過也니라.
견불선이불능퇴   퇴이불능원   과야

어진 사람을 보고도 능히 들어 쓰지 않거나, 들어 쓰더라도 먼저 하
지 못함은 태만한 것이요, 착하지 않은 자를 보고도 능히 물리치지
않으며, 물리치더라도 멀리하지 않음은 과실이다.

11. 군자는 큰 도를 충과 신으로써 얻는다

好人之所惡하며 惡人之所好를 是謂拂人之性이라
호인지소오   오인지소호   시위불인지성

菑必逮夫身이니라.
재필체부신

是故로 君子有大道하니
시고   군자유대도

必忠信以得之하고 驕泰以失之니라.
필충신이득지   교태이실지

남의 미워하는 바를 좋아하며, 남의 좋아하는 바를 미워하는 것, 이를
일러 사람의 본성을 거스르는 것이라 여긴다고 하는 것이다. 이러한
자는 재앙이 반드시 그 몸에 미칠 것이다.
그러므로 군자는 큰 도가 있으니, 반드시 충忠과 신信으로써 그 방법
을 얻고, 교만함과 방자함으로써 잃게 된다.

12. 윗사람이 인仁을 좋아하면, 아랫사람도 인을 좋아한다

生財有大道하니 生之者衆하고 食之者寡하며
생 재 유 대 도   생 지 자 중   식 지 자 과

爲之者疾하고 用之者舒하면 則財恒足矣리라.
위 지 자 질   용 지 자 서   즉 재 항 족 의

仁者는 以財發身하고 不仁者는 以身發財니라.
인 자   이 재 발 신   불 인 자   이 신 발 재

未有上好仁而下不好義者也니 未有好義요
미 유 상 호 인 이 하 불 호 의 자 야   미 유 호 의

其事不終者也며 未有府庫財 非其財者也니라.
기 사 부 종 자 야   미 유 부 고 재 비 기 재 자 야

재물을 생산하는 데 큰 도가 있으니, 생산하는 자가 많고 먹는 자가 적으며, 생산하기를 빨리 하고 쓰기를 느리게 하면, 재물이 항상 풍족할 것이다. 어진 자는 재물로써 몸을 발전시키고, 어질지 못한 자는 몸으로써 재물을 늘인다. 윗사람이 인仁을 좋아하는데 아랫사람들이 정의를 좋아하지 않는 자는 없다. 아랫사람들이 정의를 좋아하고서 그(윗사람) 일이 끝마쳐지지 못하는 경우가 없으며, 창고의 재물이 그 윗사람의 재물이 아닌 경우가 없는 것이다.

13. 나라는 정의로써 이롭다

孟獻子曰
맹헌자왈

畜馬乘은 不察於鷄豚하고 伐氷之家는 不畜牛羊하고
휵마승　　불찰어계돈　　벌빙지가　　불휵우양

百乘之家는 不畜聚斂之臣하나니
백승지가　　불휵취렴지신

與其有聚斂之臣으론 寧有盜臣이라 하니
여기유취렴지신　　　영유도신

此謂 國은 不以利爲利요 以義爲利也니라.
차위 국　　불이리위리　　이의위리야

맹헌자孟獻子가 말하기를 "마승(馬乘; 병거를 끄는 네 마리의 말을 기르는 대부의 집안)을 기르는 자는 닭과 돼지를 위해 살피지 않고, 그가 상례·제례에 얼음을 쓰는 집안은 소와 양을 기르지 않고, 백승百乘의 집안은 재물을 긁어모으는 가신을 기르지 않으니, 그가 취렴聚斂하는 가신을 가지기보다는 차라리 도둑질하는 가신을 두라."하였으니, 이것을 일러 '나라는 이利를 이익으로 여기지 않고 정의로써 이롭다.'고 여길 것이다.

14. 소인이 국가를 다스리면 재앙이 온다

長國家而務財用者는
장 국 가 이 무 재 용 자

必自小人矣니 彼爲善之小人之使爲國家 菑害並至라
필 자 소 인 의   피 위 선 지 소 인 지 사 위 국 가   재 해 병 지

雖有善者라도 亦無 如之何矣리니
수 유 선 자   역 무   여 지 하 의

此謂 國은 不以利爲利요 以義爲利也니라.
차 위   국 은   불 이 리 위 리 요   이 의 위 리 야

국가의 어른이 되어 재물의 쓰이는 것에 힘쓰는 자는 반드시 소인으
로부터 시작되는 것이다. 저 소인으로 하여금 국가를 다스리게 하면
재앙과 해가 함께 이를 것이다. 비록 선한 자가 있더라도 또한 어쩔
수 없을 것이다. 이것을 일러 '나라는 이익으로써 이롭다고 여기지
않고, 정의로써 이롭다.'고 여길 것이다.

중용 中庸

중용中庸의 중中은 지나치거나 모자람이 없이 도리에 맞는 것이며,
용庸은 평상적이고 불변적인 것이다.
중용은 동양 철학의 기본 개념으로 자리 잡았다.
전체적인 구성은 33장章으로 되어 있다.

中庸

중용장구 서

中庸章句序

 중용을 지은 배경

中庸은 何爲而作也오.
중용　　하위이작아

子思子 憂道學之失其傳而作也시니라.
자사자 우도학지실기전이작아

중용은 어찌해서 지은 것인가. 자사 선생이 도학의 그 전함을 잃을까
봐 근심이 되어 지으신 것이다.

해설

자사(기원전 483년~기원전 402년)는 춘추시대의 학자. 공자의 제자인 증자의 제자이자
공자의 손자이다. 자사는 字이며 이름은 급伋이다.

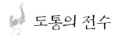 도통의 전수

蓋自上古로 聖神이 繼天立極하야 而道統之傳이 有自來矣라.
개자상고　성신　계천립극　　이도통지전　유자래의

其見於經則允執厥中者는 堯之所以授舜也오.
기현어경즉윤집궐중자　요지소이수순야

대개 상고로부터 성신이 하늘을 잇고 극을 세우니 도통의 전함이 이
로부터 온 것이 있다.
그 서경書經에 나타난 즉 미덥게 그 중을 잡는다는 것은 요임금으로
부터 순임금에게 이르기까지 전수한 것이다.

해설

성신(성인)은 복희, 신농, 황제, 요, 순, 우, 탕, 문왕, 무왕으로 하늘의 명으로 나라를
세우고 임금이 되었으니, 그분들로 도의 계통이 이어져 왔다. 비록 왕위에 오르지는
못했지만 무왕을 도와 선정을 베푼 공자를 포함하여 성인이라 일컫는다.

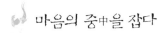 마음의 중中을 잡다

人心은 惟危하고 道心은 惟微하니 惟精惟一이라사
인심   유위   도심   유미   유정유일

允執厥中者는 舜之所以授禹也라
윤집궐중자   순지소이수우야

堯之一言이 至矣盡矣어시어늘
요지일언   지의진의

而舜이 復益之以三言者는 則所以明夫堯之一言을
이순   부익지이삼언자   즉소이명부요지일언

必如是而後에 可庶幾也라.
필여시이후   가서기야

사람의 마음은 오직 위태하고 도의 마음은 잘 드러나지 않게 미미하니 오직 정성을 담아 한결같이 하여 미덥게 그 중中을 잡는다는 것은 순임금이 우임금에게 전수하신 바니 요임금의 한 말씀이 지극하고 다하셨다. 순임금이 다시 세 가지 말(인심유위人心惟危, 도심유미道心惟微, 유정유일惟精惟一)로 더한 것은 즉 무릇 요임금의 한 말씀이 반드시 이와 같이 한 뒤에 가히 거의 밝혔다.

사람의 마음과 도의 마음

蓋嘗論之컨대 心之虛靈知覺이 一而已矣로다
개 상 론 지　　심 지 허 령 지 각　　일 이 이 의

而以爲有人心道心之異者는 則以其或生於形氣之私하며
이 이 위 유 인 심 도 심 지 이 자　　즉 이 기 혹 생 어 형 기 지 사

或原於性命之正하야 而所以爲知覺者 不同이라
혹 원 어 성 명 지 정　　이 소 이 위 지 각 자　부 동

是以로 或危殆而不安하고 或微妙而難見耳라.
시 이　　혹 위 태 이 불 안　　혹 미 묘 이 난 견 이

일찍이 이것에 대해 논하건대 마음이 잡념 없이 영묘하고 지각知覺
(알아서 깨달음)함이 하나일 따름이다. 사람의 마음과 도의 마음이 다름
이 있는 것은 곧 형기形氣의 사사로움에서 나오며 혹 성명의 바른 데
서 근원하여 알아서 깨닫는 것이 같지 않기 때문이다. 이로써 혹은
위태롭고 불안하고 혹은 미묘해서 도심道心을 보기가 어려운 것이다.

해설

대개 허령지각虛靈知覺이라는 것은 태극에서 나왔으며, 허령은 마음의 체體를 지각은
마음의 용用을 뜻한다. 형기지사形氣之私는 형체와 기질의 사사로움으로 인심人心을
가리키는 말이고, 성명지정性命之正은 원래 바르게 타고난 근원적인 것으로 도심道心
을 말한다. 그러나 근원적인 도심은 사사로운 인심에 가려 보기가 쉽지 않다.

108

어리석은 사람이라도 도심이 없지 않다

然이나 人莫不有是形이라
연　　　인막불유시형

故로 雖上智라도 不能無人心하고 亦莫不有是性이라
고　　수상지　　불능무인심　　역막불유시성

故로 雖下愚라도 不能無道心하니 二者 雜於方寸之間하야
고　　수하우　　불능무도심　　이자 잡어방촌지간

而不知所以治之면 則危者 愈危하고 微者 愈微하고
이부지소이치지　　즉위자 유위　　미자 유미

而天理之公이 卒無以勝夫人欲之私矣라.
이천리지공　　졸무이승부인욕지사의

그렇지만 사람이 모두 형체를 두지 않음이 없다. 고로 비록 상지上智 (성현聖賢)라도 능히 인심이 없지 않고 또한 이 성품(도심道心)을 두지 않음이 없다. 고로 비록 가장 어리석은 사람이라도 능히 도심이 없지 않으니 두 가지가 한 치 사이의 좁은 틈에 섞여 있으면서도 다스리는 바를 알지 못하면 곧 위태로운 자는 더욱 위태로워지고 미미한 자는 더욱 미미해져 천리의 공변됨이 마침내 무릇 인욕의 사사로움을 이기지 못한다.

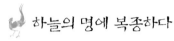

精則察夫二者之間而不雜也오
정즉찰부이자지간이부잡야

一則守其本心之正而不離也라
일즉수기본심지정이불리야

從事於斯하야 無小間斷하야 必使道心으로 常爲一身之主하고
종사어사　　　무소간단　　　필사도심　　　상위일신지주

而人心이 每聽命焉則危者 安하고
이인심　　매청명언즉위자　안

微者 著하야 而動靜云爲 自無過不及之差矣리라.
미자　저　　이동정운위 자무과불급지차의

정밀하면 즉 무릇 두 가지 사이를 잘 살펴서 섞이지 않는 것이고 한 결같이 하면 본심을 바르게 지켜 떠나지 않게 된다. 일을 이에 따라 하여 조금도 간단없이(끊김 없이) 반드시 도심으로 하여금 한 몸의 주인을 삼고 인심이 매양 하늘의 명에 복종하게 되면 위태로운 자는 편안해지고 미미한 자는 밖으로 크게 나타나서 움직이고[動] 고요하고 [靜] 말하고[云] 행동하는[爲] 것이 스스로 지나치거나 미치지 못하는 차이가 없다.

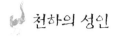 천하의 성인

夫堯舜禹는 天下之大聖也시고 以天下相傳은 天下之大事也라
부요순우   천하지대성야   이천하상전   천하지대사야

以天下之大聖으로 行天下之大事하샤대
이천하지대성   행천하지대사

而其授受之際에 丁寧告戒 不過如此하시니
이기수수지제   정녕고계 불과여차

則天下之理 豈有以加於此哉아.
즉천하지리 기유이가어차재

무릇 요임금 순임금 우임금은 천하의 큰 성인이시고 천하로써 서로
전하는 것은 천하의 큰일이다. 천하의 위대한 성인으로서 천하의 큰
일을 실행하시되 그 전수하고 전수받는 즈음에 분명히 가르치고 경
계하심이 이와 같은 데서 지나지 않으셨으니 즉 천하의 이치가 어찌
여기에 더함이 있겠는가.

공부자의 성인의 계승

自是以來로 聖聖이 相承하사
자시이래   성성   상승

若成湯文武之爲君과 皐陶伊傅周召之爲臣이
약성탕문무지위군   고요이부주소지위신

旣皆以此而接夫道統之傳하시니라
기개이차이접부도통지전

若吾夫子는 則雖不得其位나 而所以繼往聖開來學하시니
약오부자   즉수부득기위   이소이계왕성개래학

其功이 反有賢於堯舜者느니라.
기공   반유현어요순자

이로부터 성인과 성인이 서로 계승하여 성탕과 문왕, 무왕과 같은 인
군과 고요皐陶·이윤伊尹·부열傅說·주공周公·소공召公 같은 신하가 이
미 다 무릇 도통의 전승을 이었으나 우리 공부자孔夫子 같으신 이는
비록 천자는 얻지 못하셨으나 지나간 성인을 계승하시고 후학들을
열어주시니 그 공이 도리어 요임금이나 순임금보다 나으셨다.

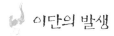 이단의 발생

然이나 當是時하야 見而知之者는 惟顏氏曾氏之傳이 得其宗하고
연   당시시   견이지지자   유안씨증씨지전   득기종

及曾氏之再傳하야 而復得夫子之孫子思하니
급증씨지재전   이부득부자지손자사

則去聖이 遠而異端이 起矣라.
즉거성   원이이단   기의

그러나 그 당시에는 알아보는 자는 오직 안 씨와 증 씨의 전함이 그 종지(정통正統)을 얻고 증 씨가 다시 전함에 미처 다시 공부자孔夫子의 손자인 자사子思를 얻으니 곧 이전의 성인의 시대에서 멀어지고 이단이 일어났다.

해설

자사가 중용을 지은 이유를 설명한 것이다. 견이지지見而知之는 선생님이 하시는 일 거주일투족을 직접 눈으로 보면서 배우는 것을 말하는 것으로 이렇게 한 공자의 3천 제자 중 72인을 신통귀재神通鬼才라 하고 그중 수제자는 안자顏回와 증자曾子가 그 종을 얻었다. 그렇지만 안자顏回는 32살이라는 젊은 나이에 요절하여 공자가 매우 애통해 했다. 그리하여 공자가 돌아가신 뒤 그 도를 전한 증자를 일컬어 재전제자再傳弟子라 하였다. 공자가 증자를 얻듯이 증자 역시 자사子思를 얻었다. 하지만 공자가 돌아가시고 오랜 세월이 흐르자 여기저기서 이단異端이 일어나기 시작했음을 말하고 있는 것이다.

자사의 중용을 지은 뜻

子思 懼夫愈久而愈失其眞也하여
자사 구부유구이유실기진야

於是에 推本堯舜以來相傳之意하시고
어시 추본요순이래상전지의

質以平日所聞父師之言을 更互演繹하사
질이평일소문부사지언 갱호연역

作爲此書하야 以詔後之學者하시니라.
작위차서 이조후지학자

자사가 무릇 더욱 오래 지날수록 더욱 그 참 뜻을 잃을까봐 두려워하
여 이에 요임금과 순임금 이래로 서로 전한 뜻을 미루어 근본으로 하
시고 평일에 들은 바 아버지와 스승의 말씀을 다시 서로 넓히고 이어
서 이 글(중용中庸)을 지어 후학에게 가르쳐 주신 것이다.

해설

자사子思가 세월이 더욱 흘러갈수록 이단異端이 더욱 많아지고 도의 참됨을 잃을까봐
중용中庸을 지어 요임금과 순임금을 근본 바탕으로 삼고 평시의 아버지와 스승에게
들은 내용을 넓게 펼치고 서로 이어 후학들에게 일깨워주었다.

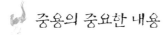 중용의 중요한 내용

蓋其憂之也 深이라
개 기 우 지 야 심

故로 其言之也 切하고 其慮之也 遠이라
고   기 언 지 야 절   기 려 지 야 원

故로 其說之也 詳하니
고   기 설 지 야 상

其日天命率性은 則道心之謂也오
기 왈 천 명 솔 성   즉 도 심 지 위 야

其日擇善固執은 則精一之謂也오
기 왈 택 선 고 집   즉 정 일 지 위 야

其日君子時中은 則執中之謂也라.
기 왈 군 자 시 중   즉 집 중 지 위 야

대체로 그 말씀이 간절하고 염려하심이 컸으므로 그 설명이 상세하
니 그 말한 천명솔성天命率性(하늘이 명한 것을 본성에 따른다)은 곧 도심
을 이름이오, 그 말한 택선고집擇善固執(착한 것을 가려 굳게 잡는다)은 한
결같이 함을 이름이오, 그 말한 군자시중君子時中(군자는 때때로 중도를
지킨다)은 그 중용을 붙잡음을 이름이라.

주자는 중요한 내용이 천명솔성天命率性, 택선고집擇善固執, 군자시중君子時中임을 들고
있다.

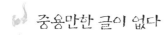 중용만한 글이 없다

世之相後 千有餘年이로대 而其言之不異 如合符節이라
세지상후 천유여년   이기언지불이 여합부절

歷選前聖之書하야 所以提挈綱維하며
역선전성지서   소이제설강유

開示蘊奧 未有若是之明且盡者也라.
개시온오 미유약시지명차진자야

세대世代의 서로 떨어진 지가 천년이 넘었지만, 그 말이 서로 다르지 않고 부절符節처럼 꼭 들어맞으니 일일이 앞선 성인의 글을 두루 살펴서 강령綱領을 끌고 당겨서 깊은 뜻을 보여주니 이와 같이 밝고 또 다함이 이보다 더 지극한 것은 있지 않다.

해설

세지상후世相後로 표현한 것은 세대世代란 항시 뒤로 이어지기 때문이다. 공자(기원전 552년~기원전 479) 이후 주자(1130~1200)에 이르기 까지는 천여 년이 넘지만 그 말씀은 지금까지도 병가兵家의 부절처럼 이치에 잘 맞음(如合符節)을 주자는 확인하고 있는 것이다. 그리하여 주자가 옛 성인들의 글을 가려 뽑아서 그 속에 깊은 도덕적 진리를 있음을 보여주고 있으니 이 또한 중용보다 더한 글이 없다는 것이다.

自是而又再傳以得孟氏하야 爲能推明是書하야 以承先聖之統이러시니
자시이우재전이득맹씨　　위능추명시서　　이승선성지통

及其沒而遂失其傳焉하니 則吾道之所寄 不越乎言語文字之間하고
급기몰이수실기전언　　즉오도지소기 불월호언어문자지간

而異端之說이 日新月盛하야 以至於老佛之道 出하야
이이단지설　 일신월성　　이지어노불지도 출

則彌近理而大亂眞矣라.
즉미근리이대란진의

이로부터 또 다시 재전再傳하여 맹자를 얻어 능히 이 글(중용)을 미루
어 밝혀서 옛 성인의 법통을 계승하시더니 맹자가 돌아가시자 드디
어 그 전함이 끊어졌다. 즉 우리의 도(공자의 도)가 의지할 것은 언어와
문자 사이를 넘지 못하였는데, 이단지설異端之說이 날로 새롭고 달로
무성해서 노자와 부처의 도가 모두 나오게 되어 궁극에 이르러서는
더욱 이치에 가까워지는 것 같으면서도 참(진리眞理)을 어지럽게 하
였다.

재전再傳 제자는 아니지만 자사가 맹자를 얻어 옛 성인들의 도를 이었지만, 맹자가 돌아가시고 난 후에는 그 도가 전해지지 못하고 끊겼다. 맹자는 전국시대의 인물로 자사의 문하생에게 배워 공자의 도를 충실히 계승하였으며, 『맹자』를 저술했다. 그런데 맹자가 돌아가신 후, 이단만이 날로 번성함을 설명하고 있다. 대표적인 이단으로 노장사상과 불교를 들고 있다.

중용을 잇게 한 정부자

然而尙幸此書之不泯이라
연이상행차서지불민

故로 程夫子兄弟者 出하샤 得有所考하고 以續夫千載不傳之緖하시어
고　정부자형제자 출　　득유소고　　　이속부천재부전지서

得有所據하야 以斥夫二家似是之非하시니
득유소거　　　이척부이가사시지비

蓋子思之功이 於是爲大요
개자사지공　　어시위대

而微程夫子면 則亦莫能因其語而得其心也리라.
이미정부자　　즉역막능인기어이득기심야

그런데 다행히도 이 글(중용)이 없어지지 않았다. 그러므로 정부자 형
제(정명도程明道, 정이천程伊川)가 나와 상고하여 얻은 것이 있어 무릇
천년 동안을 전하지 못했던 단서를 이음으로써 근거하는 바를 얻어
서 무릇 두 집(노자와 부처)의 옳은 것 같지만 그렇지 못한 것을 배척할
수 있었다. 무릇 자사의 공이 크지만, 정부자 형제가 나오지 않았다
면, 능히 그 말로 인하여 옛 성인들의 마음을 얻지 못하였을 것이다.

해설

정부자程夫子는 북송 시대에 살았던 정이(程頤, 1033~1107, 伊川先生)와 그의 형인 정호(程顥, 1032~1085, 明道先生)를 높여 일컫는 말이다. 흔히 이 두 형제를 이정二程이라고 부른다.

이정은 주돈이(周敦頤: 호는 濂溪)의 제자이다. 정부자의 학설은 주자에게 이어져 주자학을 정주학程朱學이라고도 한다. 자사에게로 이어진 성인의 도가 천여 년이 지난 뒤에야 정부자 형제에게로 다시 이어짐을 밝힌 것이다.

이단의 내용이 섞이다

惜乎라
석호

其所以爲說者가 不傳而凡石氏之所輯錄이 僅出於其門人之所記하니
기소이위설자   부전이범석씨지소집록   근출어기문인지소기

是以로 大義는 雖明이언마는 而微言이 未析이라
시이   대의   수명   이미언   미석

至其門人之所自爲說하야난 則雖頗詳盡而多所發明이로대
지기문인지소자위설   즉수파상진이다소발명

然이나 倍其師說而淫於老佛者가 亦有之矣라.
연   배기사설이음어노불자   역유지의

아 안타깝구나. 그 직접 해설한 바는 전해지지 못하고 무릇 석씨가
소집록所輯錄(모아서 기록한 것)이 겨우 그 문인의 기록에 나왔으니 이
로써 비록 대의大義(큰 뜻)는 비록 명백하지만 미묘한 말은 분석되지
못하였다. 그 문인이 스스로 해설한 곳에 이르러서는 즉 비록 상세한
곳까지 드러내 밝힌 것도 많으나 그 스승의 말씀에 부합하지 못하고
노자와 불가 사상에 빠진 것들이 섞여 있다.

정부자의 도가 석 씨(이름은 석돈石嶽으로, 석돈石墩으로 쓰기도 한다. 자는 자중子重이고, 호는 극재克齋로, 석공유石公孺의 손자고, 주희朱熹와 친분이 있었다.)에게 전해졌지만, 그 문인들이 스승의 참 뜻을 제대로 전하지 못하고 도가와 불가 사상의 내용들과 서로 뒤섞여 전해진 것에 대해 주자가 한탄하고 있다.

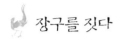 장구를 짓다

熹自蚤歲로 卽嘗受讀而竊疑之하야 沈潛反復이 蓋亦有年이러니
희자조세   즉상수독이절의지   침잠반복   개역유년

一旦에 恍然하야 似有以得其要領者라.
일단   황연   사유이득기요령자

然後에 乃敢會衆說而折其衷하야 旣爲定著章句一篇하야
연후   내감회중설이절기충   기위정저장구일편

以俟後之君子하고 而一二同志와 復取石氏書하야 删其繁亂하야
이사후지군자   이일이동지   복취석씨서   산기번란

名以輯略하고 且記所嘗論辨取舍之意하야 別爲或問하야 以附其後라.
명이집략   차기소상론변취사지의   별위혹문   이부기후

내(朱熹: 주자의 이름) 일찍부터 이 글(중용中庸)을 읽다보니 마음속으로 의문에 푹 잠겨 있어서 여러 해 동안 반복하여 연구하였는데, 어느 순간 하루아침에 황홀해져 그 요령要領(대요大要와 강령綱領)을 터득하게 되었다.

그런 뒤, 감히 중설衆說(여러 사람들의 설)을 모으고 절충하여 '장구' 한 편을 지어서 후세의 군자를 기다리고 뜻이 같은 몇 명의 사람들과 석씨의 글을 취해서 번잡하고 혼란한 것을 깎아내어 간결하게 '집략輯

略'이라고 이름 붙였으며, 또한 그 동안에 논변論辨 취사取舍한 뜻을 모두 기록하여 별도로 '혹문或問'을 만들고 그 말미에 붙여놓았다.

집략과 혹문을 쓴 뜻

然後에 此書之旨가 支分節解하야 脉絡貫通하며 詳略相因하고
연후　차서지지　지분절해　　맥락관통　　상략상인

巨細畢擧하야 而凡諸說之同異得失이 亦得以曲暢旁通하야
거세필거　　이범제설지동이득실　역득이곡창방통

而各極其趣하니라.
이각극기취

雖於道統之傳에 不敢妄議나 然이나 初學之士 或有取焉이면
수어도통지전　불감망의　연　　초학지사 혹유취언

則亦庶乎行遠升高之一助云爾라.
즉역서호행원승고지일조운이

그런 후에, 이 글(중용中庸)의 큰 뜻이 나눠지고 마디가 풀렸으며 맥脉이 이어지고 자세하고 간략함이 서로 인因해서 크거나 작은 것이 다 드러나서 무릇 여러 사람들의 학설이 같음과 다름, 얻음과 잃음이 자세히 알려지고 두루 통하여 각각의 취지를 철저하게 밝히게 되었다. 비록 도통의 전함에 있어서는 감히 망령되이 논의할 수는 없지만, 처음 학문하는 선비가 취할 바가 있다면 곧 행원승고行遠升高(멀리 가고 높이 올라가는 것) 하는 학문에 있어서 하나의 도움이 될 것이다.

淳熙 己酉 春三月 戊申에 新安 朱熹는 序하노라.

순 희 기 유 춘 삼 월 무 신　　신 안 주 희　　서

순희 기유년 춘삼월 무신일에 신안 주희는 서문을 쓰다.

독중용법

讀中庸法

중용은 이해하기 쉽지 않다

朱子曰 中庸一篇은 某妄以己意로 分其章句하니
주자왈 중용일편   모망이기의   분기장구

是書豈可以章句로 求哉리오
시서기가이장구   구재

然이나 學者之於經에 未有不得於辭而能通其意者니라.
연   학자지어경   미유부득어사이능통기의자

又曰中庸은 初學者 未當理會니라.
우왈중용은 초학자 미당리회

주자가 말씀하시길, "중용의 한 책을 내가 망령되이 내 뜻대로 그 장
구(장과 구절)를 나누었으니 이 책이 어찌 가히 장구로써 구하겠는가
(장구만으로 어떻게 중용의 뜻을 구할 수는 없다). 그러나 경서를 배우는 사람
이 말씀을 얻지 못하고 능히 그 뜻을 통달한 사람은 없다."
또 말씀하시기를, "중용은 처음 배우는 사람이 마땅히 이회理會(이해
理解)하기 어렵다."

배우는 사람이 도리를 완성해 나가야 한다

中庸之書難看이라

중용지서난간

中間에 說鬼說神은 都無理會하니

중간 설귀설신 도무리회

學者須是見得箇道理了라야 方可看此書將來印證이니라.

학자수시견득개도리료 방가간차서장래인증

중용의 글은 보기가 어렵다. 중간에 귀鬼를 설명하고 신神을 설명한 것은 도저히 이해할 수가 없으니, 배우는 사람이 모름지기 이 하나하나의 도리를 완성해 나가야 가히 이 책이 장래에 인증됨을 볼 수 있다.

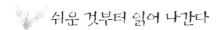
쉬운 것부터 읽어 나간다

讀書之序는 須是且著力去看大學하고 又著力去看論語하고
독서지서　수시차착력거간대학　　우착력거간논어

又著力去看孟子하야 看得三書了면 這中庸은 半截都了니라.
우착력거간맹자　　간득삼서료　지중용　반절도료

不用問人하고 只略略恁看過요 不可掉了易底하야 却先去攻那亂底니라.
불용문인　　지략략임간과　불가도료역저　　각선거공나난저

中庸에 多說無形影하고 說下學處少하고 說上達處多하니
중용　다설무형영　　설하학처소　　설상달처다

若且理會文義則可矣니라.
약차리회문의즉가의

책을 읽는 순서는 모름지기 또한 힘을 기울여 대학을 보고, 또한 힘을 기울여 논어를 보고, 또한 힘을 기울여 맹자를 보아서 이 세 책을 보는 것을 마치면 이 중용의 전체 중 반쯤은 마칠 수 있다.

사람들에게 묻지 말고 다만 대충 간과해서 대강 보아 지나가고, 쉬운 것부터 차츰차츰 공략해 나가야지 먼저 어려운 것부터 공략해 나갈 필요는 없다.

중용에는 형체나 그림자가 없는 것을 많이 말하고 있으며, 아래(형이

하학形而下學)에서 배우는 것을 말하는 것이 적고 위(형이상학形而上學)로 도달하는 것을 말하는 것이 많으니 만약 그 뜻을 이해하고 뜻을 모아 나가면 된다.

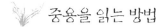 중용을 읽는 방법

讀書는 先須看大綱하고 又看幾多間架니
독서　선수간대강　우간기다간가

如天命之謂性率性之謂道修道之謂教는 此是大綱이오
여천명지위성솔성지위도수도지위교　차시대강

夫婦所知所能과 與聖人不知不能處는 此類是間架니라.
부부소지소능　여성인부지불능처　차류시간가

譬人看屋에 先看他大綱하고 次看幾多間하여
비인간옥　선간타대강　차간기다간

看內又有小間然後에야 方得貫通이니라.
간내우유소간연후　방득관통

독서는 먼저 모름지기 대강大綱(큰 줄거리)을 보고 또한 여러 가지 많은 간가(소주제)를 볼 것이다. 천명지위성과 솔성지위도와 수도지위교가 대강이고 부부소지소능과 여성인부지불능처는 이러한 종류의 간가이다.

비유하자면 사람이 집을 살펴보는데 있어서 먼저 대강을 보고 다음에 많은 칸들을 보고 또 안에 있는 작은 칸들을 보고 난 후에야 비로소 그 집안의 내용물을 제대로 꿰뚫어 볼 수 있다는 것이다.

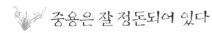 중용은 잘 정돈되어 있다

又曰中庸은 自首章以下로 多對說將來하니 直是整齊니라.
우왈중용　자수장이하　다대설장래　　직시정제

某舊讀中庸할새 以爲子思做하더니 又時復有箇子曰字하니
모구독중용　　이위자사주　　　우시부유개자왈자

讀得熟後에야 方見得是子思參夫子之說하사 著爲此書로라.
독득숙후　　방견득시자사참부자지설　　저위차서

自是로 沈潛反覆하야 遂漸得其旨趣하고
자시　침잠반복　　수점득기지취

定得今章句擺布得來하야 直恁麽細密이니라.
정득금장구파포득래　　직임마세밀

또 말씀하시기를, 중용은 머리 장으로부터 그 아래로 서로 상대하여
장래에 온 것들이 많아서 바로 정돈되고 가지런하다.
내가 옛적에 중용을 읽을 때 자사子思가 지은 것으로 알았더니 또 때
로는 '자왈子曰'이라는 글자가 있으니 숙독한 후에야 비로소 자사가
부자(공자孔子)의 말씀을 참고해서 이 책을 지었음을 보게 되었다.
이로부터 침잠(성정이 가라앉아서 겉으로 드러나지 않음)한 것을 반복해서
마침내 점차 그 지취旨趣(큰 뜻)을 알고 정해서 지금에야 장구를 하나
하나 펴서 얻어 와서 이와 같이 세밀하게 되었다.

중용의 장구와 글 사이의 성현의 말씀

近看中庸하여 於章句文義間에 窺見聖賢述作傳授之意 極有條理하야
근간중용　　어장구문의간　규견성현술작전수지의　극유조리

如繩貫棊局之不可亂이노라.
여승관기국지불가란

요사이 중용을 보다가 장구와 글의 뜻 사이에 성현이 기술하고 창작
하고 전수한 뜻이 지극히 조리가 있어서 노끈으로 바둑판을 꿰뚫은
것과 같이 가히 어지럽지 않음을 엿보았다.

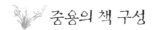 중용의 책 구성

中庸은 當作六大節看이니 首章이 是一節이니 說中和요
중용   당작육대절간   수장   시일절   설중화

自君子中庸以下十章이 是一節이니 說中庸이요
자군자중용이하십장   시일절   설중용

君子之道費而隱以下八章이 是一節이니 說費隱이요
군자지도비이은이하팔장   시일절   설비은

哀公問政以下七章이 是一節이니 說誠이요
애공문정이하칠장   시일절   설성

大哉聖人之道以下六章이 是一節이니 說大德小德이오
대재성인지도이하육장   시일절   설대덕소덕

末章이 是一節이니 復申首章之意니라.
말장   시일절   부신수장지의

중용은 6개의 큰절로 나누어 볼 것이니, 머릿장이 1절이니 중화를 설명한 것이요, 군자중용부터 아래 10장이 1절이니 중용을 설명한 것이요, 군자지도비이은 이하 8장이 1절이니 비은費隱(외적인 것과 내적인 것)을 설명한 것이요, 애공문정 이하의 7장이 1절이니 성誠을 설명한 것이요, 대재성인지도 이하 6장이 1절이니 대덕과 소덕을 설명한 것이요, 끝장이 1절이니 머릿장의 뜻을 펴서 다시 일깨워 주는 것이다.

 중용과 대학의 분별

問中庸大學之別이어늘 曰如讀中庸하야
문중용대학지별   왈여독중용

求義理는 只是致知工夫요 如謹獨修省은 亦只是誠意니라.
구의리   지시치지공부   여근독수성   역지시성의

問只是中庸에 直說到聖而不可之處로소이다.
문지시중용   직설도성이불가지처

曰如大學은 裏也니 有如前王不忘이 便是篤恭而天下平底事니라.
왈여대학   리야   유여전왕불망   변시독공이천하평저사

중용과 대학의 분별을 누군가가 물어오자 주자가 말씀하시길 중용을
읽어서 의리를 구하는 것은 다만 대학의 치지致知(앎에 이르는) 공부가
되는 것이고, 근독수성謹獨修省은 또한 대학의 이 성의誠意(정성에 담
긴 의미) 공부가 되는 것이다.
누군가가 묻기를 다만 중용에 성인에 이르는 것만 설명했지 어느 곳
이 성인의 것인지를 알지 못하겠다고 하자, 주자가 대답하기를 대학
은 속마음이니 대학의 전왕불망前王不忘이라는 것은 중용의 공손함
을 지극히 하면 천하가 태평하다는 것이다.

중용장구대전

中庸章句大全

중용의 뜻

中者는 不偏不倚無過不及之名이요
중자   불편불의무과불급지명

庸은 平常也라.
용   평상야

중中은 편벽되지 않고 치우치지 않으며, 과過와 불급不及이 없는 것
의 이름이요, 용庸은 평상平常함이다.

子程子曰
자정자왈

不偏之謂中이오 不易之謂庸이니
불편지위중   불역지위용

中者는 天下之正道오
중자   천하지정도

庸者는 天下之定理라.
용자   천하지정리

此篇은 乃孔門傳授心法이니 子思 恐其久而差也라
차편   내공문전수심법   자사 공기구이차야

故로 筆之於書하야 以授孟子하시니
고   필지어서   이수맹자

其書 始言一理하야 中散爲萬事하며
기서 시언일리   중산위만사

末復合爲一理하야 放之則彌六合하고
말부합위일리   방지즉미육합

卷之則退藏於密하야 其味 無窮하니 皆實學也라
권지즉퇴장어밀　기미 무궁　개실학야

善讀者 玩索而有得焉이면 則終身用之라도 有不能盡者矣리라.
선독자 완색이유득언　즉종신용지　유불능진자의

자정자子程子가 말씀하였다.

"편벽되지 않음을 중中이라 이르고, 변치 않음을 용庸이라 이르니, 중中은 천하의 정도正道요, 용庸은 천하의 정리定理이다.

이 편篇은 공문孔門에서 전수한 심법인데 자사께서는 그 심법이 오래됨에 따라 실상과 다름이 생길 것을 두려워하였다. 그러므로 글로 써서 맹자에게 준 것이니 그 책에서는 처음에 하나의 이치를 말해도 중간에는 만萬 가지의 일이 되어 흩어졌다가 끝에 가서는 다시 합쳐져 하나의 이치가 된다. 그것을 풀어 놓으면 육합六合(하늘, 땅, 동, 서, 남, 북 즉 우주)에 가득 차고 그것을 거두어들이면 은밀한 데 감추어져 정밀하기 그지없다. 그 맛이 무궁하니 모두 실학이다. 읽는 사람이 잘 완미하여 체득함이 있으면 즉 죽을 때까지 그것을 쓰더라도 다 쓰지 못할 것을 가지게 되는 것이다."

제1장 천지와 만물이 나와 일체이다

성性·도道·교教

天命之謂性이오
천명지위성

率性之謂道오
솔성지위도

修道之謂敎니라.
수도지위교

하늘이 명命하신 것을 성性이라 이르고, 성性을 따르는 것을 도道라 이르고, 도道를 닦는 것을 교敎라 이른다.

命은 猶令也요 性은 卽理也라
명   유령야   성   즉리야

天以陰陽五行으로 化生萬物하야
천이음양오행   화생만물

氣以成形하고 而理亦賦焉하니 猶命令也라
기이성형   이리역부언   유명령야

於是에 人物之生이 因各得其所賦之理하야 以爲健順五常之德하니
어시   인물지생   인각득기소부지리   이위건순오상지덕

所謂性也라.
소위성야

명命은 영슈과 같으며, 성性은 바로 이理이다.
하늘이 음양陰陽 오행五行으로 만물을 화생함에 기氣로써 형체를 이루고 이理 또한 부여하니 명령함과 같다. 오상五常의 덕德을 삼으니, 이른바 성性이라는 것이다.

率은 循也요 道는 猶路也라
솔   순야   도   유로야

人物이 各循其性之自然이면
인물   각순기성지자연

則其日用事物之間에 莫不各有當行之路하니
즉기일용사물지간   막불각유당행지로

是則所謂道也라.
시즉소위도야

솔率은 따름이요, 도道는 노路와 같다.
사람과 물건이 각기 그 성性의 자연自然을 따르면 즉 일상생활을 하는 사이에 각기
마땅히 행하여야 할 길이 있지 않음이 없으니, 이것이 곧 이른바 도道라는 것이다.

修는 品節之也라
수   품절지야

性道는 雖同而氣稟이 或異니라
성도   수동이기품   혹이

故로 不能無過不及之差할새
고   불능무과불급지차

聖人이 因人物之所當行者而品節之하야 以爲法於天下則爲之敎니
성인   인인물지소당행자이품절지   이위법어천하즉위지교

若禮樂刑政之屬이 是也라.
약례악형정지속   시야

수修는 품절品節이다. 성性과 도道는 비록 같으나 혹 기품이 다르다. 그러므로 과過하
거나 불급不及함의 차이가 없지 않기 때문에 성인이 사람과 물건의 마땅히 가야할 바
를 잘 품절品節하여 천하의 법을 삼으니 이를 일러 교敎라고 한다. 예를 들어 예절과
음악과 형벌과 정치 같은 것 등이다.

蓋人이 知己之有性호대
개인　지기지유성

而不知其出於天하며 知事之有道호대
이부지기출어천　지사지유도

而不知其由於性하며 知聖人之有敎호대
이부지기유어성　지성인지유교

而不知其因吾之所固有者하야 裁之也라
이부지기인오지소고유자　재지야

故로 子思 於此에 首發明之하시니
고　자사 어차　수발명지

而董子所謂道之大原이 出於天이라하니 亦此意也라.
이동자소위도지대원　출어천　역차의야

보통 사람이 자기에게 성품이 있음을 알고 있지만 그것이 하늘에서 나옴을 알지 못
하며, 사물이 가야 할 길이 있음을 알고 있지만 그것이 하늘이 부여해준 성품을 따라
야 하는 이유는 알지 못하며, 성인의 가르침이 있는 것을 알면서도 그 진실로 둔 바
를 알지 못한다. 그러므로 자사가 이에 중용의 머릿장에 밝히니 동자董子란 이가 도
의 큰 근원은 하늘에서 나왔다 하니 또한 이 뜻이다.

군자는 도를 잠시라도 떠나면 안 된다

道也者는 不可須臾離也니 可離면 非道也라
도야자　불가수유리야　가리　비도야

是故로 君子는 戒愼乎其所不睹하며 恐懼乎其所不聞이니라.
시고　군자　계신호기소부도　공구호기소불문

도道라는 것은 잠시도 벗어날 수 없는 것이니, 떠날 수 있으면 도道
가 아니다. 그러므로 군자君子는 그 보지 않는 것(곳)에서도 경계하고
삼가며 그 들리지 않은 것에서도 두려워한다.

道者는 日用事物當行之理이니
도자　일용사물당행지리

皆性之德而具於心하야 無物不有하고 無時不然하니
개성지덕이구어심　무물불유　무시불연

所以不可須臾離也라 若其可離면 則豈率性之謂哉요
소이불가수유리야　약기가리　즉개솔성지위재

是以로 君子之心이 常存敬畏하야 雖不見聞이나 亦不敢忽이니
시이　군자지심　상존경외　수불견문　역불감홀

所以存天理之本然이요 而不使離於須臾之頃也라.
소이존천리지본연　이불사리어수유지경야

도道는 일용사물日用事物에 마땅히 행하여야 할 이理이니, 모두 성性의 덕德으로서 마
음에 갖추어져 있어서 사물마다 있지 않음이 없고, 때마다 그러하지 않음이 없으니,
이 때문에 잠시도 떠날 수 없는 것이다.
만일 그 떠날 수 있다면 어찌 타고난 성질이라 말할 수 있겠는가. 그러므로 군자의
마음은 항상 공경함과 두려워함을 두어, 비록 보고 듣지 않을 때라도 또한 감히 소홀

히 하지 못하니, 이 때문에 천리天理의 자연 그대로 상태를 보존하여 잠시의 시간이라도 도道를 떠나지 않게 하는 것이다.

군자는 홀로 있을 때 신중한다

莫見乎隱이며 莫顯乎微니
막현호은   막현호미

故로 君子는 愼其獨也니라.
고   군자   신기독야

숨어 있는 것보다 드러남이 없으며 은미한 것보다 나타남이 없으니,
그러므로 군자君子는 그가 홀로 있을 때에 삼가는 것이다.

隱은 暗處也요
은   암처야

微는 細事也라
미   세사야

獨者는 人所不知而己所獨知之地也라
독자   인소부지이기소독지지지야

言幽暗之中 細微之事에 跡雖未形이나 而幾則已動하니
언유암지중 세미지사   적수미형   이기즉이동

人雖不知나 而己獨知之하니 則是天下之事 無有著見明懸而過於此者라
인수부지   이기독지지   즉시천하지사 무유저현명현이과어차자

是而로 君子 旣常戒懼하야 而於此에 尤加謹焉니
시이   군자 기상계구   이어차   우가근언

所以遏人欲於將萌하고 而不使其潛滋暗長於隱微之中하야
소이알인욕어장맹   이불사기잠자암장어은미지중

以至離道之遠也라.
이지이도지원야

은隱은 어두운 곳이요, 미微는 작은 일이다. 독獨은 다른 사람들은 미처 알지 못하고 자기만이 홀로 아는 곳이다. 유암幽暗의 가운데와 세미細微한 일은 자취가 비록 나타나지 않았으나 기미幾微가 이미 동動하였고, 남이 비록 알지 못하나 자기가 홀로 알고 있으니, 이는 천하天下의 일이 드러나 보이고 밝게 나타남이 이보다 더함이 없는 것이다. 그러므로 군자君子가 이미 항상 계구戒懼하고, 이에 더욱 삼감을 가하는 것이니, 사람의 욕심이 장차 싹틀 때에 막아서 은미隱微한 가운데에 속으로 불어나고 자라서 도道를 떠남이 먼 곳에 이르지 않도록 하는 것이다.

중中은 천하의 근본, 화和는 천하의 공통된 도

喜怒哀樂之未發을 謂之中이요
희노애락지미발   위지중

發而皆中節을 謂之和니
발이개중절   위지화

中也者는 天下之大本也요
중야자   천하지대본야

和也者는 天下之達道也니라.
화야자   천하지달도야

기뻐하고 성내고 슬퍼하고 즐거워하는 정情이 아직 나타나지 아니한 상태를 '속'이라는 의미로서 중中이라 이르고, 발發하여 모든 일이나 행동 따위가 정도에 맞는 것을 화和라 이르니, 중中이란 것은 천하의 큰 근본이요, 화和란 것은 천하의 공통된 도道이다.

喜怒哀樂은 情也요 其未發則性也라 無所偏倚라 故로 謂之中이요
희노애락   정야 기미발즉성야   무소편의   고   위지중

發皆中節은 情之正也라 無所乖戾라 故로 謂之和라
발개중절   정지정야   무소괴려   고   위지화

大本者는 天命之性이니 天下之理 皆由此出하니 道之體也라
대본자   천명지성   천하지리 개유차출   도지체야

達道者는 循性之謂니 天下古今之所共由니 道之用也라
달도자　순성지위　천하고금지소공유　도지용야

此言은 性情之德이니 以明道不可離之意니라.
차언　성정지덕　이명도불가리지의

희노애락喜怒哀樂은 정情이요 이것이 발發하지 않은 것은 바로 성性이니, 편벽되고 치우친 바가 없으므로 중中이라 이르며, 발發함에 모두 절도節度에 맞는 것은 정情의 올바름이니, 어그러지는 바가 없으므로 화和라고 이른다. 크고 중요한 근본은 하늘이 명하신 성性이니, 천하의 이치가 모두 이로 말미암아 나오니, 도道의 체體요, 마땅히 지켜야 할 도道는 성性을 따름을 이르니, 천하天下와 고금古今에 함께 행하는 것이니, 도道의 용用이다. 이는 성정性情의 덕德을 말씀하여 도道를 떠날 수 없는 뜻을 밝힌 것이다.

중화에 이르면 만물이 잘 길러진다

致中和면
치중화

天地位焉하며
천지위언

萬物育焉이니라.
만물육언

중中과 화和를 지극히 하면 하늘과 땅이 제자리로 돌아가고 만물이
잘 생육生育될 것이다.

致는 推而極之也라 位者는 安其所也요 育者는 遂其生也라
치   추이극지야   위자는 안기소야   육자는 수기생야

自戒懼而約之하야 以至於至靜之中하야 無所偏倚而其守 不失이면
자계구이약지   이지어지정지중   무소편의이기수 부실

則極其中而天地 位矣요
즉극기중이천지 위의

自謹獨而精之하야 以至於應物之處에 無小差謬而無適不然이면
자근독이정지   이지어응물지처   무소차류이무적불연

則極其和而萬物이 育矣니라.
즉극기화이만물   육의

蓋天地萬物은 本吾一體니 吾之心이 正이면 則天地之心이 亦正矣요
개천지만물   본오일체   오지심   정   즉천지지심   역정의

吾之氣 順이면 則天地之氣 亦順矣이라
오지기 순　　즉천지지기 역순의

故로 其效驗이 至於如此하니 此는 學問之極功이요 聖人之能事라
고　　기효험　지어여차　차　　학문지극공　　성인지능사

初非有待於外나 而修道之教이 亦在其中矣라.
초비유대어외　이수도지교　역재기중의

是其一體一用이 雖有動靜之殊나
시기일체일용　수유동정지수

然이나 必其體立而後에야 用이 有以行이면 則其實 亦非有兩事也라
연　　필기체립이후　　용　유이행이면　즉기실 역비유양사야

故로 於此에 合而言之하니 以結上文之意니라.
고　어차　합이언지　　이결상문지의

치致는 미루어 지극히 함이다. 위位는 그 자리를 편안히 함이요, 육育은 그 삶을 이루는 것이다.

계신공구로부터 간략히 하여 지극히 고요한 가운데에 이르러서 치우치거나 미뤄짐이 없이 그 지키는 것을 잃지 않으면, 즉 그 중中이 지극해져 천지가 위를 얻게 되고 근독謹獨(홀로 삼가다)으로부터 정성스럽게 사용하여 물건을 응하는 곳에 이르기까지 어긋남이 조금도 없어서 어디를 가더라도 그렇지 않음이 없으면, 그 화함을 지극히 해서 만물이 길러지게 된다.

천지天地와 만물萬物이 본래 나와 일체一體이다. 그리하여 나의 마음이 바르면 천지天地의 마음이 또한 바르고, 나의 기운이 순하면 천지天地의 기운이 또한 순하다.

그러므로 그 효험效驗이 이와 같음에 이르는 것이니, 이는 학문學問의 지극한 공을 드린 보람이나 효과요, 성인聖人의 능사能事인데, 애당초 밖에 기다림이 있지 않고, 도를 닦음의 가르침도 또한 이 안에 들어 있다.

그 일체일용이 비록 동정動靜하는 다름이 있으나 그러나 반드시 그 체體가 선 후에 용用이 행함이 있다면 즉 그 실상이 두 가지 일이 있지 않음이니 그런고로 이에 합해서 말하니 윗글의 뜻을 여기에서 결론 맺음이다.

제2장 군자가 중용하는 이유

군자는 중용을 한다

仲尼曰
중니왈

君子는 中庸이요
군자   중용

小人은 反中庸이니라.
소인   반중용

중니仲尼께서 말씀하셨다.

"군자君子는 중용中庸을 하고, 소인小人은 중용中庸에 반대로 한다."

中庸者는 不偏不倚無過不及而平常之理니
중용자   불편불의무과불급이평상지리

乃天命所當然이요 精微之極致也라 唯君子라야 爲能體之요
내천명소당연   정미지극치야   유군자   위능체지

小人은 反是니라.
소인   반시

중용中庸은 편벽되지 않고 치우치지 아니하여 과過와 불급不及이 없어 평상시의 이치이니, 바로 천명天命에 당연當然한 바 정미精微의 극치極致이다. 오직 군자君子만이 이를 몸소 행할 수 있고, 소인小人은 이와 반대이다.

군자의 중용, 소인의 중용

君子之中庸也는 君子而時中이요
군자지중용야   군자이시중

小人之[反]中庸也는 小人而無忌憚也니라.
소인지 반 중용야   소인이무기탄야

군자君子가 중용中庸을 함은 군자君子이면서 때로 알맞게 하기 때문
이요, 소인小人이 중용中庸에 반대로 함은 소인小人이면서 어렵게 여
겨 꺼려하기 때문이다.

君子之所以爲中庸者는
군자지소이위중용자

以其有君子之德하야 而又能隨時以處中也하고
이기유군자지덕   이우능수시이처중야

小人之所以反中庸者는
소인지소이반중용자

以其有小人之心하야 而又無所忌憚也라
이기유소인지심   이우무소기탄야

蓋中無定體하야 隨時而在하니 是는 乃平常之理也라.
개중무정체   수시이재   시   내평상지리야

군자君子가 중용中庸을 하는 까닭은 군자君子의 덕德이 있고 또 능히 때에 따라 중中에
처하기 때문이요, 소인小人이 중용中庸에 반대로 하는 까닭은 소인小人의 마음이 있고
또 어렵게 여겨 꺼려하기 때문이다. 중中은 일정一定한 체體가 없어 때에 따라 있으
니, 이것이 바로 평상平常의 이理이다.

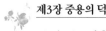

중용은 실천이 어렵다

子曰
자왈

中庸은 其至矣乎인저
중용   기지의호

民鮮能이 久矣니라.
민선능   구의

공자孔子께서 말씀하셨다.

"중용中庸은 참으로 지극할 것이다. 사람들이 능한 이가 적은 지가 오래이다."

過則失中이오 不及則未至라 故로 惟中庸之德이 爲至라
과즉실중   불급즉미지   고   유중용지덕   위지

然이나 亦人所同得하야 初無難事로대 但世敎 衰하야 民不興行이라
연   역인소동득   초무난사   단세교 쇠하야 민불흥행

故로 鮮能之今已久矣라 論語엔 無能字하니라.
고   선능지금이구의   논어   무능자

과過하면 중中을 잃고, 불급不及하면 이르지 못한다. 그러므로 오직 중용中庸의 덕德이 지극함이 된다.

그러나 또한 사람이 똑같이 얻은 바여서 애당초 어려운 일이 아닌데, 다만 세상의 가르침이 쇠하여 사람들이 흥행興行하지 않는다. 그러므로 능한 이가 적은 지가 이제 이미 오래된 것이다. 《논어論語》 옹야편雍也篇에는 능자能字가 없다.

제4장 도가 행해지지 못하는 이유

중용의 도道가 행해지지 못하는 이유

子曰
자왈

道之不行也를 我知之矣로라
도지불행야   아지지의

智者는 過之하고 愚者는 不及也일새니라
지자   과지   우자   불급야

道之不明也를 我知之矣로니
도지불명야   아지지의

賢者는 過之하고 不肖者는 不及也니라.
현자   과지   불초자   불급야

공자孔子께서 말씀하셨다.

"중용의 도道가 행해지지 못하는 이유를 나는 알겠다. 지혜로운 자는
그것을 지나쳐 버리고 어리석은 자는 그것을 미치지 못하기 때문이
다. 중용의 도道가 밝아지지 못하는 이유를 내 알았으니, 어진 자는
그것을 지나쳐 버리고 어질지 못한 자는 그것에 미치지 못하기 때문
이다."

道者는 天理之當然이니 中而己矣라
도자　천리지당연　중이기의

知愚賢不肖之過不及은 則生稟之異而失其中也라
지우현불초지과불급　즉생품지이이실기중야

知者는 知之過할새 旣以道로 爲不足行이오
지자　지지과　기이도　위부족행

愚者는 不及知하고 又不知所以行하니
우자　불급지　우부지소이행

此는 道之所以常不行也라
차　도지소이상불행야

賢者는 行之過할새 旣以道로 爲不足知하고
현자　행지과　기이도　위부족지

不肖者는 不及行하고 又不求所以知하니
불초자　불급행　우불구소이지

此는 道之所以常不明也라.
차　도지소이상불명야

도道는 천리天理의 당연當然함이니, 중中일 뿐이다. 지智·우愚와 현賢·불초不肖의 과過하고 불급不及함은 타고난 성품이 달라 그 중심을 잃은 것이다. 지혜로운 자는 아는 것이 지나쳐 이미 도道를 족히 행할 것이 없다 하고, 어리석은 자는 아는 것이 미치지 못하고 또 행할 바를 알지 못하니, 이는 도道가 항상 행해지지 못하는 까닭이다. 어진 자는 행行이 지나쳐 이미 도道를 족히 알 것이 없다 하고, 어질지 못한 자는 행行에 미치지 못하고 또 아는 바를 구하지 않으니, 이는 도道가 항상 밝아지지 못하는 까닭이다.

사람이 도를 살피지 못하다

人莫不飮食也언마는 鮮能知味也니라.
인막불음식야언마   선능지미야

사람들이 음식을 먹고 마시지 않는 이가 없건마는 맛을 아는 이는 드물다.

道不可離어늘 人自不察하니 是以로 有過不及之弊하니라.
도불가리   인자불찰   시이   유과불급지폐

도道는 떠날 수가 없는데 사람들이 스스로 살피지 않는다. 이 때문에 과過하고 불급不及한 폐단이 있는 것이다.

제5장 밝지 못하니 도가 행해지지 못한다

도가 행해지지 못하다

子曰 道其不行矣夫인저
자왈 도기불행의부

공자孔子께서 말씀하셨다.

"도道가 그 행하여지지 못하겠구나."

由不明이니 故로 不行이라.
유불명　　　고　불행

밝지 못하므로 말미암음이니. 그러므로 행하지 못함이니라.

제6장 순임금이 큰 지혜를 가지셨다
지혜로운 순임금

子曰
자왈

舜은 其大知也與신저
순　기대지야여

舜이 好問而好察邇言하시되
순　호문이호찰이언

隱惡而揚善하시며 執其兩端하사
은악이양선　　　　집기양단

用其中於民하시니 其斯以爲舜乎신저.
용기중어민　　　　기사이위순호

공자孔子께서 말씀하셨다.

"순舜임금은 큰 지혜로운 분이시다. 순舜임금은 묻기를 좋아하시고, 평범한 말씀을 살피기 좋아하시되, 악惡을 숨겨 주고 선善을 드러내시며, 두 끝을 잡으시어 그 가운데를 백성에게 쓰시니, 그 때문에 순舜임금이 되신 것이다."

舜之所以爲大知者는 以其不自用而取諸人也라
순지소이위대지자　　이기불자용이취제인야

邇言者는 淺近之言이어늘 猶必察焉하니 其無遺善을 可知라.
이언자　천근지언　　　유필찰언　　기무유선　　가지

순舜임금이 큰 지혜로운 자가 되신 까닭은 자기 지혜를 쓰지 않고 남에게서 취하셨기 때문이다. 이언邇言은 평범한 말인데도 오히려 반드시 살피셨으니, 그 버린 선善이 없음을 알 수 있다.

제7장 공자는 지혜롭지 못하다
중용을 지키지 못하다

子曰

자왈

人皆曰 予知로되

인개왈 여지

驅而納諸罟擭陷阱之中 而莫之知辟也하며

구이납지고확함정지중 이막지지피야

人皆曰 予知로되

인개왈 여지

擇乎中庸 而不能期月守也니라.

택호중용 이불능기월수야

공자孔子께서 말씀하셨다.

"사람들이 모두 다 말하기를 내가 지혜롭다고 하되, 그물과 덫이나 함정의 가운데로 몰아넣어도 피할 줄을 알지 못하며, 사람들이 모두 말하기를 내가 지혜롭다고 말하되 중용中庸을 선택하여 한 달도 지키지 못한다."

罟는 網也오 擭은 機檻也오 陷阱은 坑坎也니

고　망야　획　기함야　함정　갱감야

皆 所以掩取禽獸者也라
개 소이엄취금수자야

擇乎中庸은 辨別衆理하야 以求所謂中庸이니
택호중용   변별중리   이구소위중용

卽上章好問用中之事也라
즉상장호문용중지사야

期月은 匝一月也라
기월   잡일월야

言知禍而不知辟온 以況能擇而不能守랴 皆不得爲知也니라.
언지화이부지벽   이황능택이불능수   개부득위지야

고罟는 그물이요, 획은 덫이요, 함정陷阱은 구덩이이니, 모두 금수禽獸를 가려잡는 것이다.

중용中庸을 택한다는 것은 여러 이치를 변별辨別하여 이른바 중용中庸이란 것을 찾음이니, 바로 상장上章에 말한바 '묻기를 좋아하고 중中을 쓴다.'는 일이다. 기월期月은 만 1개월이다. 화禍를 알면서도 피할 줄을 알지 못함을 말씀하여 능히 중용中庸을 택하고도 지키지 못함을 비유하였으니, 이는 모두 지혜라 할 수 없다고 한 것이다.

제8장 중용의 도를 선택하다

안자의 사람됨

子曰
자왈

回之爲人也 擇乎中庸하여
회지위인야 택호중용

得一善이면 則拳拳服膺而弗失之矣니라.
득일선 즉권권복응이불실지의

공자孔子께서 말씀하셨다.

"안회顏回(안자顏子)의 사람됨이 중용中庸의 도를 선택하여 오직 선善을 얻으면 받들어 가슴속에 두어 잃지 않는다."

回는 孔子弟子顏淵의 名이라
회 공자제자안연 명

拳拳은 奉持之貌라
권권 봉지지모

服은 猶著也라 膺은 胷也라 奉持而著之心胸之間은 言能守也라.
복 유착야 응 흉야 봉지이착지심흉지간 언능수야

회回는 공자孔子의 제자弟子인 안연顏淵의 이름이다. 권권拳拳은 받들어 잡는 모양이다. 복服은 착著(붙여 둠)과 같으며 응膺은 가슴이니, 받들어 잡아서 마음과 가슴의 사이에 붙여 둠이니, 능히 지킴을 말한다.

제9장 천하와 국가를 평화롭게 하다
중용의 실천은 어렵다

子曰
자 왈

天下國家를 可均也며
천하국가   가균야

爵祿을 可辭也며
작록   가사야

白刃을 可蹈也로되
백인   가도야

中庸은 不可能也니라.
중용   불가능야

공자孔子께서 말씀하셨다.

"천하天下와 국가國家를 평화롭게 다스릴 수 있으며, 작위와 복록을
사양할 수 있으며, 시퍼런 칼날도 밟을 수 있으되, 중용中庸은 능히
할 수가 없다."

均은 平治也라
균   평치야

三者는 亦知仁勇之事니 天下之至難也라
삼자　역지인용지사　천하지지난야

然이나 皆倚於一偏이라
연　개의어일편

故로 資之近而力能勉者는 皆足以能之어니와
고　자지근이력능면자　개족이능지

至於中庸하야는 雖若易能이나
지어중용　수약역능

然이나 非義精仁熟而無一毫人欲之私者면 不能及也라
연　비의정인숙이무일호인욕지사자　불능급야

三者는 難而易하고
삼자　난이역

中庸은 易而難하니 此民之所以鮮能也라.
중용　역이난　차민지소이선능야

균均은 평平하게 다스림이다. 이 세 가지도 또한 지智·인仁·용勇의 일이니, 천하에 지극히 어려운 일이다. 그러나 모두 한쪽에 치우쳐 있기 때문에 자품資品이 이에 가깝고 공력功力을 힘쓰는 자는 다 족히 할 수 있거니와, 중용中庸에 이르러서는 비록 능히 하기 쉬울 것 같으나 의義가 고요하고 인仁이 익숙하여 일호一毫의 사욕私慾이 없는 자가 아니면 미치지 못한다. 세 가지는 어려우면서도 쉽고, 중용中庸은 쉬우면서도 어려우니, 이는 사람 중에 능한 이가 적은 이유이다.

제10장 군자는 화和하되 흐르지 않는다

강한 것에 대한 물음

子路問强한대

자로문강

자로子路가 강강强强한 것에 대해 물었다.

子路는 孔子弟子仲由也라

자로   공자제자중유야

子路는 好勇이라

자로   호용

故로 問强이라.

고   문강

자로子路는 공자孔子의 제자弟子인 중유仲由이다. 자로子路는 용맹을 좋아하였으므로 강함을 물은 것이다.

어떤 것에 대한 강함인가?

子曰
자왈

南方之强與아
남방지강여

北方之强與아
북방지강여

抑而强與아
억이강여

공자孔子께서 말씀하셨다.

"남방南方의 강함인가? 북방北方의 강함인가? 아니면 네가 강하게 하여야 할 것인가?

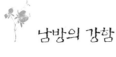

남방의 강함

寬柔以教요 不報無道는 南方之強也니 君子居之니라.
관유이교　　불보무도　　남방지강야　　군자거지

너그럽고 유순柔順의 도리로써 가르쳐 주고, 무도無道함에 대해서도
보복하지 않는 것은 남방南方의 강함이니, 군자君子는 거기에 처處
한다.

寬柔以教는 謂含容巽順하야 以誨人之不及也오
관유이교　　위함용손순　　이회인지불급야

不報無道는 謂橫逆之來에 直受之而不報也라
불보무도　　위횡역지래　　직수지이불보야

南方은 風氣柔弱이라
남방　　풍기유약

故로 以含忍之力으로 勝人爲强이니
고　　이함인지력　　승인위강

君子 之道也라.
군자　지도야

너그럽고 유순柔順히 하여 가르쳐 준다는 것은 함용(含容; 관용寬容)하고 손손(巽遜; 유순
柔順)하여 남의 미치지 못함을 가르쳐 줌이요, 무도無道함에 보복하지 않는다는 것은
횡역橫逆이 옴에 한갓 받기만하고 보복하지 않는 것이다. 남방南方은 풍기風氣가 유약
柔弱하기 때문에 포용包容하고 참는 힘이 남보다 나음을 강함으로 여기니, 군자君子의
도道이다.

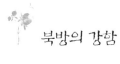

북방의 강함

衽金革하여 死而不厭은 北方之强也니 而强者居之니라.
임금혁   사이불염   북방지강야   이강자거지

병기兵器와 갑옷을 깔고 자면서 죽는 것도 싫어하지 않음은 북방北方
의 강함이니, 강한 자가 거기에 처한다.

―――――

衽은 席也라
임   석야

金은 戈兵之屬이요
금   과병지속

革은 甲冑之屬이라
혁   갑주지속

北方은 風氣剛勁이라
북방   풍기강경

故로 以果敢之力勝人爲强하니 强者之事也라.
고   이과감지력승인위강   강자지사야

임衽은 자리에 까는 것이다. 금金은 창과 병기兵器의 등속이요, 혁革은 갑옷의 등속이
다. 북방北方은 풍기風氣가 강하고 굳세기 때문에 과감果敢한 힘이 남보다 나음을 강
함으로 여기니, 강한 자의 일이다.

군자는 강하도다 꼿꼿함이여!

故로 君子는 和而不流하나니
고　군자　화이불류

强哉矯여 中立而不倚하나니 强哉矯여
강재교　중립이불의　　　강재교

國有道에 不變塞焉하나니 强哉矯여
국유도　불변색언　　　강재교

國無道에 至死不變하나니 强哉矯여.
국무도　지사불변　　　강재교

그러므로 군자君子는 융화하면서도 세속의 탁류에 휩쓸리지 않으니,
강하도다, 꼿꼿함이여! 중심을 확립하여 치우치지 않으니, 강하다, 꼿
꼿함이여! 나라에 도道가 있을 때에는 궁할 적의 의지意志를 변치 않
으니, 강하다, 꼿꼿함이여! 나라에 도道가 없을 때에는 죽음에 이르러
도 지조志操를 변치 않으니, 강하도다, 꼿꼿함이여!"

此四者는 汝之所當强也라
차사자　여지소당강야

矯는 强貌니 詩曰 矯矯虎臣이 是也라
교　강모　시왈 교교호신　시야

倚는 偏著也라
의   편착야

塞은 未達也라
새   미달야

國有道에 不變未達之所守하고 國無道에 不變平生之所守也니
국유도   불변미달지소수   국무도   불변평생지소수야

此則所謂中庸之不可能者니 非有以自勝其人欲之私면 不能擇而守也라
차즉소위중용지불가능자   비유이자승기인욕지사   불능택이수야

君子之强이 孰大於是리오
군자지강   숙대어시

夫子以是告子路者는 所以抑其血氣之剛 而進之以德義之勇也시니라.
부자이시고자로자   소이억기혈기지강 이진지이덕의지용야

이 네 가지는 네가 마땅히 강하게 하여야 할 일이다. 교교矯矯는 강한 모양이니, 《시경詩經》〈노송魯頌 반수편泮水篇〉에 이르기를, '교교矯矯한 호신虎臣이다.'한 것이 이것이다. 편偏은 치우쳐 붙음이다. 색塞은 영달榮達하지 못함이다. 나라가 도道가 있을 때에는 영달榮達하지 못했을 때의 지키던 바를 변치 않고, 나라에 도道가 없을 때에는 평생(平生; 평소平素)의 지키던 바를 변치 않으니, 이는 이른바 중용中庸을 능히 할 수 없다는 것이다. 이것은 스스로 인욕人慾의 사私를 버림이 있지 않으면 택擇하여 지킬 수가 없으니, 군자君子의 강함이 무엇이 이보다 크겠는가. 부자夫子께서 이것으로써 자로子路에게 말씀해 주신 것은, 혈기血氣의 강함을 억제抑制하여 덕의德義의 용맹으로써 나아가게 하신 것이다.

성인은 색은행괴를 하지 않는다

子曰 素隱行怪를 後世에 有述焉하나니 吾弗爲之矣로라.
자왈 색은행괴 후세 유술언 오불위지의

공자께서 말씀하셨다.

"평소 은거하여 생활하고 행동을 괴이하게 하는 것을 후세에 그것을
칭찬하여 뒤를 잇는 이가 있는데, 나는 이러한 짓을 하지 않을 것이다."

素는 按漢書컨대 當作索이니 蓋字之誤也라
소 안한서 당작색 개자지오야

索隱行怪는 言深求隱僻之理而過爲詭異之行也라
색은행괴 언심구은벽지리이과위궤이지행야

然이나 以其足以欺世而盜名이라
연 이기족이기세이도명

故로 後世에 或有稱述之者하니
고 후세 혹유칭술지자

此는 知之過而不擇乎善이요 行之過而不用其中이니 不當强而强者也라
차 지지과이불택호선 행지과이불용기중 부당강이강자야

聖人이 豈爲之哉시리오.
성인 기위지재

소素는 《한서漢書》〈예문지藝文志〉를 살펴보면 마땅히 색索이 되어야 하니, 글자가 잘
못된 것이다. 색은행괴索隱行怪는 깊이 은벽隱僻한 이치를 찾고, 지나치게 괴이怪異한
행실을 하는 것을 말한다. 그러나 이것은 족히 세상을 속이고 이름을 훔칠 수 있기
때문에 후세後世에 혹 칭술稱述하는 자가 있으니, 이는 지知가 지나쳐서 선善을 택하
지 못하고, 행行이 지나쳐서 그 중中을 쓰지 않는 것이니, 마땅히 강하지 말아야 할
경우에 강하게 하는 자이다. 성인聖人이 어찌 이러한 짓을 하시겠는가.

군자는 중도에 포기하지 않는다

君子遵道而行하다가 半途而廢하나니 吾弗能已矣로라.
군자 준도 이 행   반도 이 폐   오 불 능 이 의

군자는 중용의 도道를 따라 행하다가 중도에 폐지하나니, 나는 그만

둘 수 없는 일이다.

遵道而行은 則能擇乎善矣요
준도이행   즉능택호선의

半塗而廢는 則力之不足也니
반도이폐   즉력지부족야

此는 其知雖足以及之나 而行有不逮니 當强而不强者也라
차   기지수족이급지   이행유불체   당강이불강자야

已는 止也라
이   지야

聖人於此에 非勉焉而不敢廢요 蓋至誠無息하여 自有所不能止也시니라.
성인어차   비면언이불감폐   개지성무식   자유소불능지야

도道를 따라 행함은 능히 선善을 택한 것이요, 중도中途에 폐함은 힘이 부족한 것이
다. 이는 그 지知가 비록 족히 미칠 수 있으나 행行이 미치지 못함이 있는 것이니, 마
땅히 강하게 하여야 할 경우에 강하게 하지 않는 자이다. 이르는 그만둠이다. 성인聖
人이 이에 대하여 억지로 힘써서 감히 폐지하지 못하는 것이 아니요, 지극히 성실하
고 쉼이 없어서 저절로 그만둘 수 없는 바가 있으신 것이다.

중용의 덕을 이룸

君子依乎中庸하여 遯世不見知而不悔하나니 唯聖者能之니라.
군자의호중용　　　　돈세불견지이불회　　　　유성자능지

군자는 중용中庸에 의거하고 세상에 은둔하여 알려지지 않더라도 후
회하지 않나니, 오직 성자만이 그렇게 할 수 있는 것이다.

不爲索隱行怪하니 則依乎中庸而已요
불위색은행괴　　　즉의호중용이이

不能半塗而廢하니 是以로 遯世不見知而不悔也라
불능반도이폐　　　시이　돈세불견지이불회야

此는 中庸之成德이니 知之盡하고 仁之至하여 不賴勇而裕如者니
차　중용지성덕　　　지지진　　인지지　　　불뢰용이유여자

正吾夫子之事로되 而猶不自居也라
정오부자지사　　　이유부자거야

故로 曰 唯聖者能之而已라하시니라.
고　왈 유성자능지이이

은벽隱僻한 이치를 찾고 괴이怪異한 행실을 하지 않으니, 중용을 따를 뿐이요, 중도中
塗에 그만두지 못하니, 이 때문에 세상에 은둔隱遁하여 인정을 받지 못하여도 후회하
지 않는 것이다. 이는 중용의 덕을 이룸이니, 지智가 극진하고 인仁이 지극하여, 용勇
을 힘입지 않고도 충분한 자이니, 바로 우리 부자夫子의 일이시되, 오히려 자처自處하
지 않으셨다. 그러므로 '오직 성자聖者만이 이에 능하다.' 하신 것이다.

제12장 군자의 도道의 시작

군자의 도는 넓고 은밀하다

君子之道는 費而隱이니라.
군자지도　비이은

군자君子의 도道는 널리 쓰이면서 은밀하다.

費는 用之廣也요 隱은 體之微也라.
비　용지광야　은　체지미야

비費는 그 작용이 넓음이요, 은隱은 본체가 은밀하고 미세하다.

성인도 알지 못하는 바가 있다

夫婦之愚로도 可以與知焉이로되
부부지우   가이여지언

及其至也하여는 雖聖人이라도 亦有所不知焉하며
급기지야   수성인   역유소부지언

夫婦之不肖로도 可以能行焉이로되
부부지불초   가이능행언

及其之也하여는 雖聖人이라도 亦有所不能焉하며
급기지야   수성인   역유소불능언

天地之大也에도 人猶有所憾이라
천지지대야   인유유소감

故로 君子語大인댄 天下莫能載焉하며
고   군자어대   천하막능재언

語小인댄 天下莫能破焉이니라.
어소   천하막능파언

일개 부부의 어리석음으로도 참여하여 알 수 있지만 그 지극함에 이
르러는 비록 성인聖人이라도 또한 알지 못하는 바가 있으며, 부부夫
婦의 불초不肖함으로도 능히 행할 수 있으되 그 지극함에 이르러는

비록 성인聖人이라도 또한 능하지 못한 바가 있으며, 천지天地의 큼
으로도 사람이 오히려 한恨하는 바가 있는 것이다.

그러므로 군자君子가 큰 것을 말할진댄 천하도 거기에 실을 수 없으
며, 작은 것을 말할진댄 천하天下도 그것을 능히 깨뜨릴 수 없는 것
이다.

君子之道는 近自夫婦居室之間으로
군자지도   근자부부거실지간

遠而至於聖人天地之所不能盡하여 其大無外하고 其小無内하니
원이지어성인천지지소불능진   기대무외   기소무내

可謂費矣라
가위비의

然이나 其理之所以然은 則隱而莫之見也라
연   기리지소이연   즉은이막지견야

蓋可知可能者는 道中之一事요
개가지가능자   도중지일사

及其至而聖人不知不能은 則擧全體而言이니
급기지이성인부지부능   즉거전체이언

聖人도 固有所不能盡也니라
성인   고유소불능진야

侯氏曰 聖人所不知는 如孔子問禮問官之類요
후씨   성인소부지   여공자문례문관지류

所不能은 如孔子不得位, 堯舜病博施之類라
소불능   여공자부득위, 요순병박시지류

愚謂 人所憾於天地는 如覆載生成之偏, 及寒署災祥之不得其正者라.
우위 인소감어천지　여복재생성지편 급한서재상지부득기정자

군자君子의 도道는, 가까이는 부부가 집에 거처하는 사이로부터 멀리는 성인과 천지
天地도 능히 다할 수 없는 것에 이르러, 그 큼이 밖이 없고, 그 작음이 안이 없으니,
비費하다고 이를 만하다.

그러나 그 이치의 그러하게 된 까닭은 은미하여 드러나지 않는다. 알 수 있고 능할
수 있는 것은 도道 가운데의 한 가지 일이요, 그 지극함에 이르러 성인聖人도 알지 못
하고 능하지 못한 것은 전체全體를 들어 말한 것이니, 성인聖人도 진실로 다하지 못하
는 바가 있다.

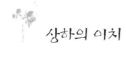

상하의 이치

詩云 鳶飛戾天이어늘 魚躍于淵이라하니 言其上下察也니라.
시 운 연비려천　　　어약우연　　　언기상하찰야

《시경詩經》에 이르기를 "솔개는 날아 하늘에 이르는데, 물고기는 연
못에서 뛰논다."하였으니, 상하上下에 이치가 밝게 드러남을 말한 것
이다.

詩는 大雅旱麓之篇이라 鳶은 類라 戾는 至也요 察은 著也라
시　 대아한록지편　 연 류 려　지야　 찰 저야

子思引此詩하사 以明化育流行하여 上下昭著가 莫非此理之用이니 所謂費也라
자사인차시　　 이명화육류행　　 상하소저　막비차리지용　　 소위비야

然이나 其所以然者는 則非見聞所及이니 所謂隱也라
연　 기소이연자　 즉비견문소급　　 소위은야

故로 程子曰 此一節은 子思喫緊爲人處니 活潑潑地라하시니 讀者其致思焉이니라.
고　 정자왈 차일절　 자사끽긴위인처　 활발발지　　　 독자기치사언

시詩는 〈대아大雅 한록편旱麓篇〉이다. 연鳶은 솔개의 종류이다. 여戾는 이름이요, 찰察
은 드러남이다. 자사子思는 이 시詩를 인용하여 화육化育이 유행流行하여 상하上下에
밝게 드러남이 이 이理의 용用 아님이 없음을 밝혔으니, 이른바 비費라는 것이다. 그
러나 그 소이연所以然은 보고 들음이 미칠 수 있는 바가 아니니, 이른바 은隱이라는
것이다. 그러므로 정자程子가 말씀하기를 "이 1절節은 끽긴(喫緊; 요긴要緊)하게 사람을
위한 것으로 활발발(活潑潑; 생동감生動感 넘침)한 곳이다."하였으니, 읽는 자들은 생각을
다하여야 할 것이다.

군자의 도는 부부에서 시작한다

君子之道는 造端乎夫婦니 及其至也하여는 察乎天地니라.
군자지도　　조단호부부　　급기지야　　　　찰호천지

군자君子의 도道는 그 실마리가 부부夫婦에게서 만들어지지만, 그 지극함에 이르러서는 하늘과 땅에 밝게 드러난다.

중용의 도는 사람과 가까이 있다

子曰 道不遠人하니 人之爲道而遠人이면 不可以爲道니라.
자왈 도불원인   인지위도이원인   불가이위도

공자孔子께서 말씀하셨다.

"중용의 도道는 사람에게 멀리 있지 않으니, 사람이 도道를 한다면서
사람을 멀리 한다면 도道라 할 수 없다."

道者는 率性而已니 固衆人之所能知能行者也라
도자   솔성이이   고중인지소능지능행자야

故로 常不遠於人하나니 若爲道者厭其卑近하여 以爲不足爲라하고
고   상불원어인   약위도자염기비근하여 이위부족위

而反務爲高遠難行之事면 則非所以爲道矣라.
이반무위고원난행지사   즉비소이위도의

도道는 성性을 따를 뿐이니, 진실로 중인(衆人; 일반인)들도 능히 알고 능히 행할 수 있
는 것이다.
그러므로 사람에게 멀리 있지 않으니, 만일 도道를 행하는 자가 그 비근(卑近; 주위에
서 흔히 보고 들을 수 있을 만큼 가깝고 알기 쉬움)함을 싫어하여 이는 족히 할 것이 못 된
다 하고, 도리어 고원(高遠; 높고 번거로움)하여 행하기 어려운 일을 힘쓴다면 도道를 하
는 것이 아니다.

군자는 사람의 도리를 되찾으면 그만둔다

詩云 伐柯伐柯여 其則不遠이라하니 執柯以伐柯하되
시운 벌가벌가   기칙불원   집가이벌가

睨而視之하고 猶以爲遠하나니
예이시지   유이위원

故로 君子는 以人治人하다가 改而止니라.
고   군자   이인치인   개이지

《시경詩經》에 이르기를, '도끼자루를 잡고 도끼자루를 벰이여! 도끼
자루를 만들 나무를 베어냄! 그 법이 멀리 있지 않다.'하였으니, 도끼
자루를 잡고 도끼자루를 베면서도 비스듬히 보고 오히려 멀리 여긴
다. 그러므로 군자君子는 사람의 도리로써 사람을 다스리다가 잘못
을 고치면 그만 두느니라.

詩는 豳風執柯伐木以爲柯者는 彼柯長短之法이 在此柯耳라
시   빈풍집가벌목이위가자   피가장단지법   재차가이

然이나 猶有彼此之別이라
연   유유피차지별

故로 伐者視之를 猶以爲遠也어니와
고   벌자시지   유이위원야

若以人治人은 則所以爲人之道 各在當人之身하여 初無彼此之別이라
약이인치인   즉소이위인지도 각재당인지신   초무피차지별

故로 君子之治人也에 卽以其人之道로 還治其人之身이라가
고　군자지치인야　즉이기인지도　환치기인지신

其人能改어든 卽止不治하나니
기인능개　즉지불치

蓋責之以其所能知能行이요 非欲其遠人以爲道也라
개책지이기소능지능행　비욕기원인이위도야

張子所謂以衆人望人則易從이 是也니라.
장자소위이중인망인즉역종　시야

시詩는 빈풍豳風은 비스듬히 보는 것이다. 사람이 도끼자루를 잡고서 나무를 베어 도끼자루를 만드는 자는 저 도끼자루의 길게 만들고 짧게 만드는 법칙이 이 도끼자루에 달려 있다. 그러나 오히려 피차彼此의 구별이 있기 때문에 나무를 베는 자가 보기를 오히려 멀게 여긴다. 〈그러나〉 사람의 도리로써 사람을 다스리는 것으로 말하면, 사람이 된 소이所以의 도道가 각기 자신의 몸에 있어 애당초 피차彼此의 구별이 없다. 그러므로 군자君子가 사람을 다스림에 그 사람의 도리로써 다시 그 사람의 몸을 다스려서 그 사람이 잘못을 고치면 즉시 그치고 다스리지 않으니, 그가 능히 알 수 있고 능히 행할 수 있는 바로써 책하고, 사람을 멀리하여 도道를 행하고자 함이 아니다. 장자(張子; 장재張載))의 이른바 "중인衆人으로써 사람에게 기대하면 사람들이 따르기 쉽다." 한 것이 바로 이것이다.

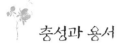

충성과 용서

忠恕違道不遠하니 施諸己而不願을 亦勿施於人이니라.
충 서 위 도 불 원   시 제 기 이 불 원   역 물 시 어 인

충성과 용서는 중용의 도道와 거리가 멀지 않으니, 자기 몸에 베풀어
보아 원하지 않는 것을 나 또한 남에게 베풀지 말아야 하는 것이다.

盡己之心爲忠이요 推己及人爲恕라
진기지심위충   추기급인위서

違는 去也니 如春秋傳齊師違穀七里之違라
위 거야   여춘추전제사위곡칠리지위

言 自此至彼에 相去不遠이요 非背而去之之謂也라
언 자차지피   상거불원   비배이거지지위야

道는 卽其不遠人者是也라
도   즉기불원인자시야

施諸己而不願을 亦勿施於人은 忠恕之事也라
시제기이불원   역물시어인   충서지사야

以己之心으로 度人之心에 未嘗不同하니
이기지심   탁인지심   미상부동

則道之不遠於人者를 可見이라
즉도지불원어인자   가견

故로 己之所欲을 則勿以施於人이니 亦不遠人以爲道之事라
고   기지소불욕   즉물이시어인   역불원인이위도지사

張子所謂以愛己之心愛人則盡仁이 是也니라.
장자소위이애기지심애인즉진인   시야

자기의 마음을 다함을 충忠이라 하고, 자기 마음을 미루어 남에게 미침을 서恕라 한
다. 위違는 거리이니, 《춘추전春秋傳》에 이른바 '제齊나라 군대가 곡穀땅에서 7리里쯤

떨어져 있다.'는 위違와 같으니, 여기로부터 저기에 이름에 거리가 멀지 않음을 말한 것이요, 위배하여 떠남을 말한 것이 아니다.

도道는 바로 사람에게서 멀리 있지 않다는 것이 이것이다. 자기 몸에 베풀어 보아 원하지 않는 것을 나 또한 남에게 베풀지 않음은 충성과 용서의 일이다. 자기의 마음으로써 남의 마음을 헤아려봄에 일찍이 똑같지 않음이 없으니, 그렇다면, 도道가 사람에게서 멀리 있지 않음을 알 수 있다. 그러므로 자기가 하고자 하지 않는 것을 남에게 베풀지 말라는 것이니, 이 또한 사람을 멀리하지 않고 도道를 하는 일이다.

군자의 네 가지 도

君子之道四에 丘未能一焉이로니
군자지도사　구미능일언

所求乎子로 以事父를 未能也하며 所求乎臣으로 以事君을 未能也하며
소구호자　이사부　미능야　소구호신　이사군　미능야

所求乎弟로 以事兄을 未能也하며 所求乎朋友로 先施之를 未能也로니
소구호제　이사형　미능야　소구호붕우　선시지　미능야

庸德之行하며 庸言之謹하여 有所不足이어든 不敢不勉하며
용덕지행　용언지근　유소부족　불감불면

有餘어든 不敢盡하여 言顧行하며 行顧言이니 君子胡不慥慥爾리오.
유여　불감진　언고행　행고언　군자호불조조이

군자君子의 도道에 네 가지가 있는데(某二丘) 나는 그 중에 한 가지도
능하지 못하니, 자식에게 바라는 것으로써 어버이를 섬김을 능히 하
지 못하며, 신하臣下에게 바라는 것으로써 군주君主를 섬김을 능히
하지 못하며, 아우에게 바라는 것으로써 형을 섬김을 능히 하지 못하
며, 붕우朋友에게 바라는 것을 내가 먼저 베풂을 능히 하지 못한다.
떳떳한 덕德을 행하며, 떳떳한 말을 삼가여, 〈행行에〉 부족한 바가 있
으면 감히 힘쓰지 못하며, 〈언言이〉 유여有餘하면 감히 다하지 못하

여, 말은 행실을 돌아보며 행실은 말을 돌아보아야 하니, 군자君子가
어찌 언행을 진실하고 성실하게 하지 않으리오."

求는 猶責也라 道不遠人하니 凡己之所以責人者는 皆道之所當然也라
구　유책야　도불원인　범기지소이책인자　개도지소당연야

故로 反之以自責而自修焉이라
고　반지이자책이자수언

庸은 平常也라 行者는 踐其實이요 謹者는 擇其可라
용　평상야　행자　천기실　근자　택기가

德不足而勉이면 則行益力이요 言有餘而이면 則謹益至니
덕부족이면　즉행익력　언유여이　즉근익지

謹之至則言顧行矣요 行之力則行顧言矣라
근지지즉언고행의　행지력즉행고언의

慥慥는 篤實貌니 言 君子之言行如此하니
조조　독실모　언 군자지언행여차

豈不慥慥乎리오하니 贊美之也라
기부조조호　찬미지야

凡此皆不遠人以爲道之事니 張子所謂以責人之心責己則盡道가 是也니라.
범차개불원인이위도지사　장자소위이책인지심책기즉진도　시야

구求는 책(責; 바람)과 같다. 도道가 사람에게서 멀리 있지 않으니, 무릇 자기가 남에게
바라는 것은 모두 도道의 당연當然함이다. 그러므로 자신에게 돌이켜 자책自責하여 스
스로 닦는 것이다. 용庸은 평상平常함이다.
행行은 그 실행을 밟는 것이요, 근謹은 그 가미함을 택하는 것이다. 덕행德行은 부족不
足한데 힘쓴다면 행行이 더욱 힘써질 것이요, 말은 유여有餘한데 참는다면 삼감이 더
욱 지극할 것이니, 삼가기를 지극히 하면 말이 행行을 돌아보게 될 것이요, 행行을 힘
쓰면 행行이 말을 돌아보게 될 것이다.

조조慥慥는 독실篤實한 모양이다. '군자君子의 언행言行이 이와 같으니, 어찌 조조慥慥하지 않겠는가.'라고 말씀했으니, 찬미贊美한 것이다. 이는 모두 사람을 멀리 하지 않고 도道를 하는 일이니, 장자張子가 이른바 '남에게 바라는 마음으로써 자기를 책하면 도(道)를 다한다.'는 것이 이것이다.

제14장 군자는 자기의 위치에 따라 행할 뿐이다

군자는 현재 해야 할 것을 한다

君子는 素其位而行이요 不願乎其外니라.
군자   소기위이행   불원호기외

군자君子는 현재의 위치에 따라 행하고, 그 밖의 것을 바라지 않느니라.

素는 猶見在也라
소   유견재야

言 君子但因見在所居之位하여 而爲其所當爲요 無慕乎其外之心也라
언 군자단인견재소거지위   이위기소당위   무모호기외지심야

소素는 현재[現]와 같다. 군자君子는 단지 현재 처해 있는 바의 위치에 따라 마땅히 해야 할 것을 하고, 그 밖의 것을 사모하는 마음이 없음을 말씀한 것이다.

군자는 들어가는 곳마다 만족한다

素富貴하얀 行乎富貴하며
소부귀　　　행호부귀

素貧賤하얀 行乎貧賤하며
소빈천　　　행호빈천

素夷狄하얀 行乎夷狄하며
소이적　　　행호이적

素患難하얀 行乎患難이니
소환난　　　행호환난

君子는 無入而不自得焉이니라.
군자　　무입이부자득언

현재 부귀富貴하면 부귀대로 행하며, 빈천貧賤에 처해서는 빈천대로
행하며, 이적夷狄에 처해서는 이적대로 행하며, 환난患難에 처해서는
환난대로 행하니, 군자는 들어가는 곳마다 스스로 만족하지 않음이
없다.

군자는 자기의 위치에 맞게 행한다

在上位하여 不陵下하며
재 상 위   불 릉 하

在下位하여 不援上이요
재 하 위   불 원 상

正己而不求於人이면 則無怨이니
정 기 이 불 구 어 인   즉 무 원

上不怨天하며 下不尤人이니라.
상 불 원 천   하 불 우 인

윗자리에 있으면서 아랫사람을 능멸하지 아니하며, 아랫자리에 있어
서는 윗사람을 잡아당기지 않고, 자기 몸을 바루고 남에게 요구하지
않으면, 원망하는 이가 없을 것이니, 위로는 하늘을 원망하지 않으며,
아래로는 사람을 원망하지 않는다.

군자는 도리를 다하고 하늘의 뜻을 기다린다

故로 君子는 居易以俟命하고 小人은 行險以徼幸이니라.
고　군자　거이이사명　　소인　행험이요행

그러므로 군자는 평탄한 도리에 살며, 그리고 하늘의 명을 기다리고,
소인小人은 위험한 것을 행하고 요행을 바란다.

易는 平地也라
이　평지야

居易는 素位而行也요
거이　소위이행야

俟命은 不願乎外也라
사명　불원호외야

徼는 求也요
요　구야

幸은 謂所不當得而得者라.
행　위소부당득이득자

이易는 평지平地이다. 거이居易는 현재의 위치에 따라 행함이요, 사명俟命은 밖의 것을
원하지 않는 것이다. 요徼는 구함이요, 행幸은 마땅히 얻어서는 안 될 경우에 얻음을
이른다.

중용의 도는 활을 쏘는 것과 같다

子曰
자왈

射는 有似乎君子하니
사　유사호군자

失諸正鵠이어든 反求諸其身이니라.
실저정곡　　　반구저기신

공자孔子께서 말씀하셨다.

"활쏘기는 군자君子 중용의 자세와 같음이 있으니,〈활을 쏘아〉정곡
正鵠을 잃으면 자기 몸에 돌이켜 찾는다."

畫布曰正이요 棲皮曰鵠이니 皆侯之中, 射之的也라
화포왈정　　　서피왈곡　　　개후지중　사지적아

子思引此孔子之言하여 以結上文之意하시니라.
자사인차공자지언　　　이결상문지의

삼베에 〈표적을〉 그려놓은 것을 정正이라 하고, 가죽을 붙여놓은 것을 곡鵠이라 하
니, 모두 후侯 과녁판의 한가운데요, 활을 쏘는 표적이다. 자사子思께서 이 공자孔子의
말씀을 인용하여 상문上文의 뜻을 맺으신 것이다.

군자의 도에 대한 비유

君子之道는 辟如行遠必自邇하며 辟如登高必自卑니라.
군자지도　　비여행원필자이　　　　비여등고필자비

詩曰 妻子好合이 如鼓瑟琴하며 兄弟旣翕하여 和樂且耽이로다
시왈 처자호합　　여고슬금　　　형제기흡　　　화락차탐

宜爾室家하며 樂爾妻帑라하여늘
의이실가　　　락이처노

군자君子의 도道는 비유하면 먼 곳을 가려면 반드시 가까운 데로부터 하며, 높은 데 오르려면 반드시 낮은 데로부터 함과 같다.
《시경詩經》에 이르기를, "처자간妻子間에 정이 좋고 뜻이 합함이 금슬琴瑟을 타는 듯하며, 형제간兄弟間이 이미 화합하여 화락和樂하고 또 즐겁도다. 너의 실가室家를 마땅하게 하며 너의 처자妻子들을 즐겁게 한다."하였다.

詩는 小雅常棣之篇이라
시　　소아상체지편

鼓瑟琴은 和也요 翕은 亦合也요 耽은 亦樂也라 帑는 子孫也라.
고슬금　화야　흡　역합야　탐　역락야　노　자손야

시詩는 〈소아小雅 상체편常棣篇〉이다. 비파와 거문고를 타는 것은 화함이다. 흡翕 또한 합슴함이요, 탐耽 또한 즐거움이다. 노帑는 자손子孫이다.

부모가 편안하시다

子曰
자 왈

父母其順矣乎신저하시니라.
부모기순의호

공자孔子께서 말씀하셨다.

"〈이렇게 되면〉 부모父母가 편안하실 것이다."

夫子誦此詩而贊之曰
부자송차시이찬지왈

人能和於妻子하고 宜於兄弟如此면 則父母其安樂之矣신저하시니
인능화어처자   의어형제여차   즉부모기안락지의

子思引詩及此語하사 以明行遠自邇, 登高自卑之意하시니라.
자사인시급차어   이명행원자이   등고자비지의

부자夫子께서 이 시詩를 외우고 칭찬하시기를, "사람이 능히 처자간妻子間에 화합하고
형제간兄弟間에 좋음이 이와 같다면 부모父母가 편안하고 즐거우실 것이다."하셨다.
자사子思는 시詩와 공자孔子의 이 말씀을 인용하여, 먼 곳을 가려면 가까운 데로부터
하고, 높은 데 오르려면 낮은 데로부터 하는 뜻을 밝히신 것이다.

제16장 천지조화, 공덕의 위대함

귀신의 덕

子曰 鬼神之爲德이 其盛矣乎인저
자왈 귀신지위덕　기성의호

공자孔子께서 말씀하셨다.

"귀신의 덕德 됨이야말로 성하기도 하구나!"

程子曰 鬼神은 天地之功用이요 而造化之迹也니라
정자왈 귀신　천지지공용　이조화지적야

張子曰 鬼神者는 二氣之良能也니라
장자왈 귀신자　이기지량능야

愚謂 以二氣言하면 則鬼者는 陰之靈也요
우위 이이기언　즉귀자　음지령야

神者는 陽之靈也며 以一氣言하면 則至而伸者爲神이요 反而歸者爲鬼니
신자　양지령야　이일기언　즉지이신자위신　반이귀자위귀

其實은 一物而已니라 爲德은 猶言性情功效라.
기실　일물이이　위덕　유언성정공효

정자가 말씀하였다.

"귀신은 하늘과 땅의 공용이요, 조화의 자취이다."

장자가 말씀하였다.

"귀신鬼神은 음陰·양陽 두 기운의 타고난 재능이다."

내가 생각하건대, 두 기운으로써 말하면 귀鬼는 음陰의 영靈이요, 신神은 양陽의 영靈이며, 한 기운으로써 말하면 이르러 펴짐은 신神이 되고, 돌아가 되돌아감은 귀鬼가 되니, 그 실제는 한 물건일 뿐이다. 위덕爲德은 성정性情, 공효功效라는 말과 같다.

사물의 본체는 시작과 종말이다

視之而弗見하며 聽之而弗聞이로되 體物而不可遺니라.
시지이불견　　　청지이불문　　　　체물이불가유

귀신의 모습을 보려고 해도 보이지 않으며 들어도 들리지 아니하되,
사물事物의 본체本體가 되어서 버릴 수가 없다.

鬼神이 無形與聲이나 然이나 物之終始가 莫非陰陽合散之所爲니
귀신이 무형여성　　연　　물지종시　막비음양합산지소위

是其爲物之體而物之所不能遺也라 其言體物은 猶易所謂幹事라.
시기위물지체이물지소불능유야　　기언체물　유역소위간사

귀신은 형체와 소리가 없으나 사물의 시작과 종말은 음양陰陽이 합하고 흩어짐의 소
위所爲가 아님이 없으니, 이는 그 사물의 본체가 되어, 사물이 능히 빠뜨릴 수 없는
것이다.
체물體物이라고 말한 것은 《주역周易》〈건괘乾卦 문언전文言傳〉에 이른바 '일의 근간이
된다.'는 말과 같다.

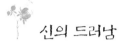

신의 드러남

使天下之人으로 齊明盛服하여 以承祭祀하고
사 천 하 지 인　　　재 명 성 복　　　　이 승 제 사

洋洋乎如在其上하며 如在其左右니라.
양 양 호 여 재 기 상　　　여 재 기 좌 우

천하의 사람들로 하여금 정신을 바르고 밝게 통일하고, 그 몸을 깨끗
이 하며 의복을 성대히 하여 제사를 받들게 하고는, 큰 바다에 출렁이
는 물결이 마치 그 머리 위에 있는 듯하며 그 좌우에 있는 것과 같다.

齊之爲言은 齊也니 所以齊不齊而致其齊也라
재 지 위 언　　　재 야　　　소 이 재 부 재 이 치 기 재 야

明은 猶潔也라 洋洋은 流動充滿之意라
명　　유 결 야　　　양 양　　유 동 충 만 지 의

能使人으로 畏敬奉承而發見昭著 如此하니 及其體物而不可遺之驗也라
능 사 인　　　외 경 봉 승 이 발 현 소 저　여 차　　　급 기 체 물 이 불 가 유 지 험 야

孔子 曰其氣 發揚于上하야 爲昭明焄蒿悽愴하니
공 자　왈 기 기　발 양 우 상　　　위 소 명 훈 호 처 창

此는 百物之精也오 神之著也라 하시니 正謂此爾니라.
차　　백 물 지 정 야　　신 지 저 야　　　　　정 위 차 이

재齊란 말은 가지런히 함이니, 가지런하지 못함을 가지런히 하여 재계齊戒함을 지극
히 하는 것이다.
명明은 결(潔; 깨끗함)과 같다. 양양洋洋은 유동流動하고 충만充滿하다는 뜻이다. 능히 사
람으로 하여금 두려워하고 공경하여 받들게 하고는, 발현發見하고 밝게 드러남이 이
와 같으니, 이것이 바로 사물의 본체가 되어 빠뜨릴 수 없음의 징험이다. 공자께서

말씀하시기를 "그 기운이 위에 발양(發揚; 마음·재주·기세 따위를 불러일으킴)하여, 영험이 밝게 드러나며, 쑥 향기가 위로 올라가 사람을 감촉하고, 사람의 마음을 처창(悽愴; 두려움)하게 하니, 이는 온갖 물건의 정精이요, 신神의 드러남이다."하셨으니, 바로 이를 말씀한 것이다.

신은 싫어할 수 없다

詩曰 神之格思를 不可度思온 矧可射思아하니
시왈 신지격사　불가탁사　신가역사

《시경詩經》에 이르기를, "신神의 다다름에 예측할 수 없으니, 하물며
신神을 싫어할 수 있겠는가 하니

詩는 大雅抑之篇이라
시　대아억지편

格은 來也오
격　내야

矧은 況也라
신　황야

射은 厭也니 言厭怠而不敬也라
역　염야　언염태이불경야

思는 語辭라.
사　어사

시詩는 〈대아大雅 억편抑篇〉이다. 격格은 옴이다. 신矧은 하물며 이다. 역射은 싫어함이
니, 싫어하고 태만히 하여 공경하지 않음을 말한 것이다. 사思는 어조사이다.

진실은 가릴 수 없다

夫微之顯이니 誠之不可揜가 如此夫인저.
부미지현   성지불가엄   여차부

은미隱微한 것이 드러나니, 정성을 다하면 가릴 수 없음이 이와 같구
나!"

誠者는 眞實無妄之謂라
성자   진실무망지위

陰陽合散이 無非實者라
음양합산   무비실자

故로 其發見之不可揜이 如此라.
고   기발견지불가엄   여차

성誠은 진실하고 망령됨이 없음을 이른다. 음양陰陽의 합하고 흩어짐이 진실 아님이
없다. 그러므로 그 발현發見되어 가릴 수 없음이 이와 같은 것이다.

효자, 순임금

子曰 舜은 其大孝也與신저
자왈 순   기대효야여

德爲聖人이시고 尊爲天子시고 富有四海之內하사
덕위성인   존위천자   부유사해지내

宗廟饗之하시며 子孫保之하시니라.
종묘향지   자손보지

공자께서 말씀하셨다.

"순舜임금은 아마 위대한 효자였나 보다. 덕德은 성인이 되시고, 존
귀함은 천자天子가 되시고, 부유함에서는 사해四海의 안을 가지셨다.
종묘宗廟에서 제사지냈고 흠향하시며 자손을 보전하였다.

대덕은 합당한 것을 얻는다

故로 大德은 必得其位하며 必得其祿하며 必得其名하며 必得其壽니라.
고　　대덕　　필득기위　　　필득기록　　　필득기명　　　　필득기수

그러므로 큰 덕은 반드시 그 위를 얻으며 반드시 그 녹을 얻으며 반
드시 그 이름을 얻으며 반드시 그 수를 얻는다.

하늘은 만물의 재질에 따라 이행한다

故로 天之生物이 必因其材而篤焉하나니
고　　천지생물　　필인기재이독언

故로 栽者를 培之하고 傾者를 覆之니라.
고　　재자　배지　　　경자　복지

그러므로 하늘이 만물을 낼 적에는 반드시 그 재질에 따라 돈독히 한다. 그러므로 심은 것은 북돋아 주고, 기울어지는 것은 엎어버리는 것이다.

材는 質也요
재　질야

篤은 厚也요
독　후야

栽는 植也라
재　식야

氣至而滋息이 爲培요 氣反而游散則覆이라.
기지이자식　위배　　기반이유산즉복

재材는 재질이요, 독篤은 두터움이요, 재栽는 심음이다. 기운이 이르러 불어나고 번식함을 배培라 하고, 기운이 돌아가 흩어지면 복覆이라 한다.

가락군자는 하늘로부터 명을 받는다

詩曰 嘉樂君子여 憲憲令德이로다
시왈 가락군자　헌헌영덕

宜民宜人이라 受祿于天이어늘 保佑命之하시고 自天申之라하니
의민의인　수록우천　보우명지　자천신지

故로 大德者는 必受命이니라.
고　대덕자　필수명

《시경詩經》에 이르기를, '아름답고 즐거운 군자君子시여 밝고 아름답
게 드러난 훌륭한 덕德이로다. 백성들에게 마땅하며 사람들에게 마
땅하다. 그리하여 하늘에게 복록을 받아, 하늘로부터 거듭 받았느니
라.'고 하였다. 그러므로 대덕大德이 있는 자는 반드시 천명天命을 받
느니라."

───────

詩는 大雅假樂之篇이라
시　대아가락지편

假는 當依此作嘉요 憲은 當依詩作顯이라 申은 重也라.
가　당의차작가　현　당의시작현　신　중야

受命者는 受天命爲天子也라.
수명자　수천명위천자야

시詩는 〈대아大雅 가락편假樂篇〉이다. 가假는 마땅히 이에 의하여 가嘉가 되어야 하고,
헌憲은 마땅히 《시경詩經》에 의하여 현顯이 되어야 한다. 신申은 중重 '거듭'이다.
천명天命을 받는다는 것은 천명天命을 받아 천자天子가 됨을 이른다.

근심 없는 문왕

子曰 無憂者는 其惟文王乎신저 以王季爲父하시고 以武王爲子하시니
자왈 무우자   기유문왕호   이왕계위부   이무왕위자

父作之어시늘 子述之하시니라.
부작지   자술지

공자께서 말씀하셨다.

"근심이 없는 자는 아마도 오직 문왕文王이실 것이다. 왕계王季를 아버지로 삼으시고, 무왕武王을 아들로 삼으셨으니, 아버지는 왕업을 시작하고 아들이 이를 계승하였다.

此는 言文王之事라
차   언문왕지사

書에 言王季其勤王家라하니 蓋其所作은 亦積功累仁之事也라.
서   언왕계기근왕가   개기소작   역적공루인지사야

이것은 문왕文王의 일을 말씀한 것이다. 《서경書經》〈무성武成〉에 '왕계王季가 왕가(王家; 국가國家)를 위해 부지런히 일하였다.'하였으니, 그 시작한 것은 또한 공功을 쌓고 인仁을 많이 하는 일이었다.

천하를 평정한 무왕

武王이 纘大王王季文王之緖하사 壹戎衣而有天下하시되
무왕　　찬태왕왕계문왕지서　　일융의이유천하

身不失天下之顯名하시며 尊爲天子시고
신불실천하지현명　　　존위천자

富有四海之內하사 宗廟饗之하시며 子孫保之하시니라.
부유사해지내　　　종묘향지　　　자손보지

무왕이 태왕인 왕계王季와 문왕文王이 일으켜 놓은 것을 계승하여 한 번 융의(戎衣: 전투복)를 입어 천하를 평정하였다. 그러나 그의 몸에서 천하의 훌륭한 이름을 잃지 않으셨으며, 존귀尊貴함은 천자天子가 되시고, 부귀함은 사해四海의 안을 소유하셔서 종묘宗廟의 제사를 흠향欽饗하시며 자손子孫들이 그를 보전하였다.

此는 言武王之事라 纘은 繼也라 大王은 王季之父也라
차　　언무왕지사　찬　계야　대왕　왕계지부야

書云 大王이 肇基王迹이라하고
서운 대왕　조기왕적

詩云 至于大王하여 實始翦商이라하니라
시운 지우대왕　　실시전상

緖는 業也라 戎衣는 甲冑之屬이라
서　업야　융의　갑주지속

壹戎衣는 武成文이니 言壹著戎衣以伐紂也라.
일융의　무성문　언일착융의이벌주야

이는 무왕武王의 일을 말씀한 것이다. 찬纘은 이음이다. 태왕太王은 왕계王季의 아버지
이다.《서경書經》〈무성武成〉에 이르기를, "태왕太王이 처음으로 왕자王者의 자취를 터
잡았다."하였고,《시경詩經》〈노송魯頌 비궁閟宮〉에 이르기를, "태왕太王에 이르러 실제
처음으로 상商나라를 쳤다."하였다. 서緒는 기업基業이다. 융의戎衣는 갑옷과 투구의
등속이다. 한번 융의戎衣를 입었다는 것은《서경書經》〈무성武成〉의 글이니, 한번 융의
戎衣를 입고 주왕紂王을 정벌함을 이른다.

천명을 받은 무왕

武王이 末受命이어시늘 周公이 成文武之德하사
무왕   말수명   주공   성문무지덕

追王大王王季하시고 上祀先公以天子之禮하시니
추왕태왕왕계   상사선공이천자지례

斯禮也 達乎諸侯大夫及士庶人하여 父爲大夫요
사례야 달호제후대부급사서인   부위대부

子爲士어든 葬以大夫하고 祭以士하며 父爲士요
자위사   장이대부   제이사   부위사

子爲大夫어든 葬以士하고 祭以大夫하며
자위대부   장이사   제이대부

期之喪은 達乎大夫하고 三年之喪은 達乎天子하니
기지상   달호대부   삼년지상   달호천자

父母之喪은 無貴賤一也니라.
부모지상   무귀천일야

무왕武王이 말년(90세)에 천명天命을 받았다. 주공周公이 문왕文王과
무왕武王의 덕德을 완성하여, 태왕太王과 왕계王季를 추존追尊하여
왕으로 높이시고, 위로 선공先公을 천자天子의 예禮로써 제사하시니,

이 예禮가 제후諸侯와 대부大夫 및 사서인士庶人에게까지 통하였다. 그리하여 아버지가 대부大夫가 되고 아들이 사士가 되었으면, 장례는 대부大夫의 예禮로써 하고 제사는 사士의 예禮로써 하며, 아버지가 사士가 되고 아들이 대부大夫가 되었으면, 장례는 사士의 예禮로써 하고 제사는 대부大夫의 예禮로써 하며, 기년상期年喪은 대부大夫에까지 이르고, 삼년상三年喪은 천자天子에까지 이르렀으니, 부모父母의 상喪은 귀천貴賤에 관계없이 한가지다.”

此는 言周公之事라 末은 猶老也라
차   언주공지사   말   유로야

追王은 蓋推文武之意하여 以及乎王迹之所起也라.
추왕   개추문무지의   이급호왕적지소기야

이것은 주공周公의 일을 말씀한 것이다. 말末은 노老, '노년老年'과 같다. 추왕追王은 문왕文王과 무왕武王의 뜻을 미루어 왕자王者의 자취가 일어난 바에까지 미친 것이다.

제19장 종묘의 제로써 중용의 도를 말하다

효자, 무왕과 주공

子曰 武王周公은 其達孝矣乎신저.
자왈 무왕주공 기달효의호

夫孝者는 善繼人之志하며 善述人之事者也니라.
부효자 선계인지지 선술인지사자야

공자孔子께서 말씀하셨다.

"무왕武王과 주공周公은 누구나 공통으로 칭찬하는 효자이시다.

효孝라는 것은 조상의 뜻을 잘 이어받고 조상의 뜻을 잘 계승하는 것

이다.

達은 通也라
달 통야

承上章而言 武王周公之孝는 乃天下之人이 通謂之孝니
승상장이언 무왕주공지효 내천하지인 통위지효

猶孟子之言達尊也라.
유맹자지언달존야

달達은 통通('공통')이다. 상장上章을 이어 무왕武王과 주공周公의 효孝는 천하天下 사람
들이 공통으로 효孝라고 칭찬한다고 말씀하셨으니, 맹자孟子가 달존(達尊: 세상 사람들
이 모두 존경할 만한 사람)이라고 말씀하신 것과 같다.

봄과 가을의 선조에 대한 예

春秋에 修其祖廟하며 陳其宗器하며 設其裳衣하며 薦其時食이니라.
춘추　수기조묘　진기종기　설기상의　천기시식

봄과 가을에 선조先祖의 사당祠堂을 수리하며 종묘宗廟의 귀중하고
보배로운 그릇을 진열하며 그 '선조' 의상衣裳을 펴놓으며 제철의 음
식을 올린다.

祖廟는 天子七이요 諸侯五요 大夫三이요 適士二요 官師一이라
조묘　천자칠　제후오　대부삼　적사이　관사일

宗器는 先世所藏之重器니 若周之赤刀, 大訓, 天球, 河圖之屬也라
종기　선세소장지중기　약주지적도　대훈　천구　하도지속야

裳衣는 先祖之遺衣服이니 祭則設之以授尸也라
상의　선조지유의복　제즉설지이수시야

時食은 四時之食이 各有其物하니 如春行羔豚膳膏香之類가 是也라.
시식　사시지식　각유기물　여춘행고돈선고향지류　시야

선조의 사당은 천자는 7묘廟이고, 제후諸侯는 5묘廟이고, 대부大夫는 3묘廟이고, 적사
適士 '원사元士'는 2묘廟이고, 관사官師 '유사有司'는 1묘廟이다. 종기宗器는 선대로부터
소장해 온 귀중한 기물器物이니, 주나라의 적도赤刀·대훈大訓·천구天球·하도河圖와 같
은 등속이다. 상의는 선조가 남기신 의복이니, 제사할 때에는 이것을 펼쳐 놓아 시동
(尸童; 지난날 제사 지낼 때 신위 대신 앉히던 아이)에게 준다. 시식(時食; 그 철에 알맞은 음식)
은 사시(四時; 춘하추동)의 음식이 각기 마땅한 음식물이 있으니, 봄철에는 염소와 돼지
를 쓰되 쇠기름으로 요리하는 것과 같은 따위가 이것이다.

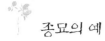

종묘의 예

宗廟之禮는 所以序昭穆也요
종묘지례   소이서소목야

序爵은 所以辨貴賤也요
서작   소이변귀천야

序事는 所以辨賢也요
서사   소이변현야

旅酬에 下爲上은 所以逮賤也요
려수   하위상   소이체천야

燕毛는 所以序齒也니라.
연모   소이서치야

종묘宗廟의 예禮는 소목(昭穆; 종묘나 사당에 신주를 모시는 차례. 왼쪽 召, 오른쪽 穆이라 하여 시조의 신주는 가운데 모시고 2, 4, 6세는 소에 2, 5, 7는 목에 모심)의 차례를 밝히는 것이요, 관작官爵에 따라 서열함은 귀천貴賤을 분별하는 것이요, 일의 순서를 정하는 것은 현명함을 분별하는 것이요, 여럿이 술을 권할 때에 아랫사람이 윗사람을 위하여 술잔을 올림은 미천한 사람까지 참여하는 것이요, 잔치할 때에 머리털의 색을 중시하는 것은 연치(年齒; 나이)의 순서로 차례를 정하기 위한 것이다.

宗廟之次는 左爲昭오 右爲穆而子孫이 亦以爲序하야
종묘지차   좌위소   우위목이자손   역이위서

有事於太廟則子姓兄弟群昭群穆이 咸在而不失其倫焉이라
유사어태묘즉자성형제군소군목   함재이불실기륜언

爵은 公侯卿大夫也오 事는 宗祝有事之職事也라
작   공후경대부야   사   종축유사지직사야

旅는 衆也오 酬는 導飮也니
여   중야   수   도음야

旅酬之禮에 賓弟子兄弟之子 各擧觶於其長而衆相酬하니
여수지례   빈제자형제지자 각거치어기장이중상수

蓋宗廟之中에 以有事爲榮이라 故로 逮及賤者하야 使亦得以申其敬也라
개종묘지중   이유사위영   고   체급천자하야   사역득이신기경야

燕毛는 祭畢而燕이면 則以毛髮之色으로 別長幼하야 爲坐次也라
연모   제필이연   즉이모발지색   별장유   위좌차야

齒는 年數也라.
치   연수야

종묘宗廟의 차례는 좌左가 소昭가 되고 우右가 목穆이 되는데, 자손子孫들 또한 이것으로 차례를 삼아, 태묘太廟에 제사가 있게 되면, 자성子姓 '자손子孫'과 형제兄弟 중에 여러 소昭와 여러 목穆이 모두 있어, 그 차례를 잃지 않는다.

작爵은 공公과 후侯, 경卿과 대부大夫요, 사事는 종宗과 축祝과 유사有司가 맡은 일이다. 여旅는 여럿이요, 수酬는 인도하여 마시게 하는 것이다. 여럿이 술을 권하는 예禮에 빈객賓客의 아우와 아들, 형제의 아들들이 각각 술잔을 어른에게 들어 올리고 여럿이 서로 술을 권하니, 종묘宗廟의 가운데에는 일을 맡는 것을 영화로 여긴다. 그러므로 천한 자에게까지 미쳐 공경을 펴게 하는 것이다.

연모燕毛는 제사를 마치고 잔치를 하게 되면, 모발毛髮의 색깔로써 어른과 어린이를 분별하여 앉는 차례를 정하는 것이다. 치齒는 연수年數이다.

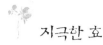

지극한 효

踐其位하여
천기위

行其禮하며 奏其樂하며 敬其所尊하며 愛其所親하며 事死如事生하며
행기례   주기악   경기소존   애기소친   사사여사생

事亡如事存이 孝之至也니라.
사망여사존   효지지야

그의 자리에 나아가 그가 행하던 예禮를 행하고 그 음악을 연주하며, 그가 존경하시던 바를 존경하고 그가 친애하시던 바를 사랑하며, 죽은 이를 섬기기를 산 이를 섬기듯이 하고 없는 이를 섬기기를 살아 있는 사람을 섬기듯이 하는 것이 효孝의 지극함이다.

踐은 猶履也라 其는 指先王也라
천   유리야   기   지선왕야

所尊所親은 先王之祖考子孫臣庶也라
소존소친   선왕지조고자손신서야

始死를 謂之死요 旣葬則曰反而亡焉이라하니 皆指先王也라
시사   위지사   기장즉왈반이망언   개지선왕야

此는 結上文兩節이니 皆繼志述事之意也라.
차   결상문양절   개계지술사지의야

천踐은 이履 '밟음'과 같다. 기其는 선왕先王을 가리킨다. 존경하시던 바와 친애하시던 바라는 것은 선왕의 조고祖考와 자손子孫과 신서臣庶 '신하'들이다. 처음 죽었을 때를 사死라 이르고, 이미 장례하면 돌아가 없어졌다고 하니, 이는 모두 선왕을 가리킨다.

나라를 다스리는 쉬운 방법

郊社之禮는 所以事上帝也요 宗廟之禮는 所以祀乎其先也니
교사지례   소이사상제야   종묘지례   소이사호기선야

明乎郊社之禮와 禘嘗之義면 治國은 其如示諸掌乎인저.
명호교사지례   체상지의   치국   기여시저장호

교제(郊祭; 서로 가까이 사귐)와 사직(社稷; 나라 또는 조정) 제사의 예禮는
상제上帝를 섬기는 것이요, 종묘의 예禮는 그 선조를 섬기는 것이니,
교제郊祭와 사직社稷 제사의 예법과 체제禘祭와 상제嘗祭의 의의意義
에 밝으면, 나라를 다스림은 그 손바닥 위에 놓고 보는 것처럼 쉬울
것이다."

郊는 祭天이요 社는 祭地니 不言后土者는 省文也라
교   제천   사   제지   불언후토자   생문야

禘는 天子宗廟之大祭니
체   천자종묘지대제

追祭太祖之所自出於太廟하고 而以太祖配之也라
추제태조지소자출어태묘   이이태조배지야

嘗은 秋祭也니 四時皆祭로되 擧其一耳라
상   추제야   사시개제   거기일이

禮必有義하니 對擧之는 互文也라
례필유의   대거지   호문야

示는 與視同하니 視諸掌은 言易見也라
시   여시동   시제장   언역견야

此는 與論語文意로 大同小異하니 記有詳略耳라.
차 여론어문의 대동소이 기유상략이

교郊는 하늘에 제사하는 것이요, 사社는 땅에 제사하는 것이니, 후토后土를 말하지 않은 것은 생략한 글이다. 체禘는 천자天子의 종묘宗廟의 큰 제사이니, 태조太祖로부터 '말미암아' 나온 분 '시조始祖'를 태묘太廟에 추제追祭하고 태조太祖를 배향配享한다. 상嘗은 가을 제사이니, 사시四時에 모두 제사하는데, 그 중의 하나를 들었을 뿐이다. 예禮는 반드시 의義가 있으니, 상대하여 든 것은 호문互文이다. 시示는 시視와 같으니, 손바닥을 본다는 것은 보기 쉬움을 말한다. 이는 《논어論語》의 글 뜻과 대동소이大同小異하니, 기록함에 상세함과 간략함이 있을 뿐이다.

제20장 정치는 도로써 행한다

정치란

哀公이 問政한대
애공   문정

子曰 文武之政이 布在方策하니 其人存이면 則其政擧하고
자왈 문무지정   포재방책   기인존   즉기정거

其人亡이면 則其政息이니이다.
기인망   즉기정식

애공哀公이 정사에 관해 공자께 묻자, 공자孔子께서 말씀하셨다.
"주나라의 문왕文王과 무왕武王의 정치 행적이 목판과 죽간에 기록
되어 있으니, 그러한 사람이 있으면 그러한 정치가 거행되고, 그러한
사람이 없으면 그러한 정치가 종식될 것입니다.

哀公은 魯君이니 名蔣이라.
애공   노군   명장

方은 版也요 策은 簡也라 息은 猶滅也라
방   판야   책   간야   식   유멸야

有是君, 有是臣이면 則有是政矣라.
유시군 유시신   즉유시정의

애공(哀公, BC. 495~468)은 노魯나라 25대 제후로 이름은 장蔣이다.

방方은 판版 '판자' 요, 책策은 간簡 '죽간竹簡과 목간木簡'이다. 식息은 멸滅과 같다. 이
러한 군주가 있고 이러한 신하가 있으면 이러한 정사가 있는 것이다.

정치는 주변의 영향을 받는다

人道는 敏政하고
인도   민정

地道는 敏樹하니
지도   민수

夫政也者는 蒲盧也니이다.
부정야자   포로야

사람이 걸어가야 할 정도는 정치에 민감하게 영향을 주고 땅의 도리
는 나무에 빠르게 나타나니, 대저 정치를 한다는 것은 부들이나 갈대
와 같이 그 영향을 받는 대로 쓰러지는 것입니다.

敏은 速也라 蒲盧는 沈括이 以爲蒲葦라하니 是也라
민   속야   포로   침괄   이위포위   시야

以人立政은 猶以地種樹하여 其成速矣요
이인입정   유이지종수   기성속의

而蒲葦는 又易生之物이니 其成尤速也라 言 人存政擧가 其易如此라.
이포위   우역생지물   기성우속야   언 인존정거   기역여차

민敏은 속速함이다. 포로蒲盧는 심괄沈括이 포위蒲葦 '갈대'라 하였으니, 옳다. 사람으
로서 정사를 세움은 마치 땅에다가 나무를 심는 것과 같아서 그 이루어짐이 속하며,
갈대는 또 쉽게 자라는 물건이어서 그 이루어짐이 더욱 속하다. 훌륭한 사람이 있으
면 정사가 거행됨이 그 쉬움이 이와 같음을 말씀한 것이다.

군자는 인으로써 도를 닦는다

故로 爲政在人하니
고　　위정재인

取人以身이요
취인이신

修身以道요
수신이도

修道以仁이니이다.
수도이인

그러므로 정치를 행하는 것은 사람에게 달려 있으니, 사람을 취하는
데는 몸으로써 하고, 몸을 닦는 데는 도道로써 하고, 도道를 닦는 데
는 인仁으로써 해야 합니다.

此는 承上文人道敏政而言也라
차　　승상문인도민정이언야

爲政在人은 家語에 作爲政在於得人하니 語意尤備라
위정재인　　가어　　작위정재어득인　　　　어의우비

人은 謂賢臣이요 身은 指君身이라
인　위현신　　신　지군신

道者는 天下之達道요 仁者는 天地生物之心而人得以生者니
도자　　천하지달도　　인자　　천지생물지심이인득이생자

所謂元者善之長也라 言 人君爲政이 在於得人이요
소위원자선지장야　　언 인군위정　　재어득인

而取人之則은 又在修身하니 能仁其身이면 則有君有臣而政無不擧矣라.
이취인지칙　　우재수신　　능인기신　　즉유군유신이정무부거의

이는 '사람의 도道는 정사에 빠르게 나타난다.'는 말을 이어 말씀한 것이다. 위정재인
爲政在人은 《가어家語》에 '정사를 함이 사람을 얻음에 있다(爲政在於得人)'로 되어 있으
니, 말뜻이 더욱 구비되었다. 인人은 현신賢臣을 이르고, 신身은 군주의 몸을 가리킨
다. 도道는 천하天下의 달도達道요, 인仁은 천지天地가 물건을 내는 마음으로 사람이 얻
어서 태어난 것이니, 《주역周易》〈건괘乾卦 문언전文言傳〉에 이른바 '원元은 선善의 으
뜸'이란 것이다. 인군이 정사를 함은 사람을 얻음에 있고, 사람을 취하는 법은 또 몸
을 닦음에 있음을 말씀하였으니, 능히 그 몸을 인仁하게 하면, 훌륭한 군주가 있고
훌륭한 신하가 있어서 정사가 거행되지 않음이 없을 것이다.

인은 몸이요, 의는 마땅함이다

仁者는 人也니 親親이 爲大하고
인자　　인야　　친친　　위대

義者는 宜也니 尊賢이 爲大하니
의자　　의야　　존현　　위대

親親之殺와 尊賢之等이 禮所生也니이다.
친친지쇄　　존현지등　　례소생야

인仁은 사람의 몸이니, 어버이(친척)을 친히 함이 크고, 의義는 마땅함
이니, 어진 사람을 높임이 크니, 친척을 친히 함의 강등降等함과 어진
사람을 높임의 등급이 예禮가 생겨난 이유입니다.

人은 指人身而言이라
인　　지인신이언

具此生理하여 自然便有惻怛慈愛之意하니 深體味之면 可見이라
구차생리　　자연편유측달자애지의　　심체미지　　가견

宜者는 分別事理하여 各有所宜也요 禮는 則節文斯二者而已라.
의자　　분별사리　　각유소의야　례　　즉절문사이자이이

인人은 사람의 몸을 가리켜 말하였다. 이 생리生理를 갖추고 있어 자연히 측달(惻怛;
가엾게 여김)하고 자애로운 뜻이 있으니, 깊이 체득(體得; 몸소 체험하여 알게 됨)하여 음
미吟味하면 볼 수 있다. 의宜는 사리事理를 분별하여 각기 마땅한 바가 있게 하는 것이
요, 예禮는 이 두 가지를 절문(節文; 예절에 관한 규정)할 뿐이다.

하늘의 이치를 알다

在下位하여 不獲乎上이면 民不可得而治矣리라.
재하위　　불획호상　　민불가득이치의

故로 君子는 不可以不修身이니
고　군자　불가이불수신

思修身인댄 不可以不事親이요
사수신　　불가이불사친

思事親인댄 不可以不知人이요
사사친　　불가이부지인

思知人인댄 不可以不知天이니이다.
사지인　　불가이부지천

아래 지위에 있으면서 윗사람에게 신임을 얻지 못하면 백성을 능히
다스리지 못할 것입니다.
그러므로 군자君子는 몸을 닦지 않을 수 없으니, 몸을 닦을 것을 생각
할진댄 어버이를 섬기지 않을 수 없고, 어버이를 섬길 것을 생각할진
댄 사람을 알지 않을 수 없고, 사람을 알 것을 생각할진댄 하늘의 이
치를 알지 않을 수 없습니다.

爲政在人하고 取人以身이라
위정재인　　취인이신

故로 不可以不修身이오 修身以道하고 修道以仁이라
고　　불가이불수신　　수신이도　　수도이인

故로 思修身인댄 不可以不事親이오 欲盡親親之仁인댄 必由尊賢之義라
고　　사수신　　불가이불사친　　욕진친친지인　　필유존현지의

故로 又當知人이오 親親之殺와 尊賢之等이 皆天理也라
고　　우당지인　　친친지쇄　존현지등　개천리야

故로 又當知天이라.
고　　우당지천

정사를 다스림은 사람을 얻음에 있고, 사람을 취함은 몸으로써 하기 때문에 몸을 닦지 않을 수 없는 것이요, 몸을 닦음은 도道로써 하고, 도道를 닦음은 인仁으로써 하기 때문에 몸을 닦음을 생각할진댄 어버이 '친척'을 섬기지 않을 수 없는 것이요, 친친(親親; 마땅히 친해야할 사람과 친함)의 인仁을 다하고자 할진댄 반드시 존현(尊賢; 어질고 착한 사람을 존경함)의 의義를 말미암아야 하기 때문에 또 마땅히 사람을 알아야 하는 것이요, 친친親親의 강등함과 존현尊賢의 등급이 모두 천리天理이기 때문에 또 마땅히 하늘의 이치를 알아야 하는 것이다.

천하의 달도와 달덕

天下之達道五에 所以行之者三이니 曰君臣也와 父子也와
천하지달도오   소이행지자삼   왈군신야   부자야

夫婦也와 昆弟也와 朋友之交也五者는 天下之達道也요
부부야   곤제야   붕우지교야오자   천하지달도야

知仁勇三者는 天下之達德也니 所以行之者는 一也니이다.
지인용삼자   천하지달덕야   소이행지자   일야

천하의 달도達道 '공통된 도道'가 다섯인데 이것을 행하는 것은 세 가
지이니, 군신간君臣間과 부자간父子間과 부부간夫婦間과 곤제간昆弟
間, 형제간兄弟間과 붕우간朋友間의 사귐이 다섯 가지는 천하天下의
달도(達道; 사람이 마땅히 지켜야할 도)요, 지智·인仁·용勇 이 세 가지는
천하의 달덕(達德; 마땅히 지녀야 할 덕) '공통된 덕'이니, 이것을 행하기
위한 방법은 한 가지입니다.

達道者는 天下古今所共由之路니 卽書所謂五典이오
달도자   천하고금소공유지로   즉서소위오전
孟子所謂父子有親 君臣有義 夫婦有別 長幼有序 朋友有信이 是也라
맹자소위부자유친 군신유의 부부유별 장유유서 붕우유신   시야
知는 所以知此也오 仁은 所以體此也오 勇은 所以强此也니라
지   소이지차야   인   소이체차야   용   소이강차야

謂之達德者는 天下古今所同得之理也라 一은 則誠而已矣라
위지달덕자　천하고금소동득지리야　일　즉성이이의

達道는 雖人所共由나 然이나 無是三德이면 則無以行之오
달도　수인소공유　연　무시삼덕　즉무이행지

達德은 雖人所同得이나 然이나 一有不誠이면
달덕　수인소동득이　연　일유불성

則人欲이 間之하야 而德非其德矣니라.
즉인욕　간지　이덕비기덕의

달도達道는 천하天下와 고금古今에 함께 행하여야 할 길이니, 《서경書經》〈순전舜典〉에
이른바 오전五典 '오륜五倫'이란 것이요, 맹자孟子가 말씀하신 '부자간父子間에는 친함
이 있고, 군신간君臣間에는 의리가 있고, 부부간夫婦間에는 분별이 있고, 장유간長幼間
에는 차례가 있고, 붕우간朋友間에는 신信이 있어야 한다.'는 것이 이것이다. 지智는
이것을 아는 것이요, 인仁은 이것을 체행體行하는 것이요, 용勇은 이것을 힘쓰는 것이
니, 이것을 달덕達德이라고 이르는 것은 천하天下와 고금古今에 함께 얻은 바의 이理이
기 때문이다. 일一은 곧 성誠일 뿐이다.
달도達道는 비록 사람이 똑같이 행하는 바이나 이 세 가지 덕德이 없으면 이것을 행
할 수 없고, 달덕은 비록 사람이 똑같이 얻은 바이나 한 가지라도 성실하지 못함이
있으면 인욕人慾이 사이에 끼어서 덕德다운 덕德이 아닐 것이다.

힘쓰고 쉬지 않으면, 도에 도달함은 똑같다

或生而知之하며 或學而知之하며 或困而知之하나니
혹생이지지   혹학이지지   혹곤이지지

及其知之하여는 一也니이다
급기지지   인야

或安而行之하며 或利而行之하며 或勉强而行之하나니
혹안이행지   혹리이행지   혹면강이행지

及其成功하여는 一也니이다.
급기성공   인야

어떤 사람은 태어나자마자 도를 알며, 혹 어떤 사람은 배워서 이것을
알고, 혹은 애를 써서 이것을 아는데, 그 앎에 미쳐서는 똑같습니다.
혹은 편안히 이것을 행하고, 혹은 이롭게 여겨 이것을 행하고, 혹은 억
지로 힘써 이것을 행하는데, 그 성공成功함에 미쳐서는 똑같습니다."

知之者之所知와 行之者之所行은 謂達道也라
지지자지소지   행지자지소행   위달도야

以其分而言하면 則所以知者는 知也요 所以行者는 仁也요
이기분이언   즉소이지자   지야   소이행자   인야

所以至於知之成功而一者는 勇也며
소이지어지지성공이일자   용야

以其等而言하면 則生知安行者는 知也요 學知利行者는 仁也요
이기등이언　　즉생지안행자　　지야　　학지리행자　　인야

困知勉行者는 勇也라
곤지면행자　　용야

蓋人性이 雖無不善이나 而氣有不同者라
개인성　　수무불선　　이기유부동자

故로 聞道有早暮하고 行道有難易라
고　　문도유조모　　　행도유난역

然이나 能自强不息이면 則其至는 一也니라.
연　　　능자강부식　　즉기지　　일야

지지知之의 알 바와 행지行之의 행할 바는 달도達道를 이른다. 그 분별로써 말하면, 아는 것은 지智요, 행하는 것은 인仁이요, 이것을 알고 성공하여 똑같음에 이르는 것은 용勇이며, 그 등급으로써 말하면 생지生知와 안행安行은 지智요, 학지學知와 이행利行은 인仁이요, 곤지困知와 면행勉行은 용勇이다.

사람의 본성本性은 비록 불선不善함이 없으나 기품(氣稟; 타고난 기질과 성품)이 동일同一하지 않으므로 도道를 들음에 이르고 늦음이 있으며, 도道를 행함에 어렵고 쉬움이 있는 것이다. 그러나 능히 스스로 힘쓰고 쉬지 않으면 그 다다름은 똑같은 것이다.

학문의 좋아함

子曰, 好學은 近乎知하고 力行은 近乎仁하고 知恥는 近乎勇이니라.
자왈 호학 근호지 역행 근호인 지치 근호용

공자孔子께서 말씀하셨다.

"학문學問을 좋아함은 지智에 가깝고, 힘써 행함은 인仁에 가깝고, 부
끄러움을 앎은 용勇에 가깝다.

呂氏曰 愚者는 自是而不求요 自私者는 徇人欲而忘返이요
여씨왈 우자 자시이불구 자사자 순인욕이망반

懦者는 甘爲人下而不辭라
나자 감위인하이불사

故로 好學이 非知나
고 호학 비지

然이나 足以破愚요 力行이 非仁이나 然이나 足以忘私요
연 족이파우 역행 비인 연 족이망사

知恥가 非勇이나 然이나 足以起懦니라.
지치 비용 연 족이기나

여씨呂氏 '여대림呂大臨'이 말하였다.
"어리석은 자는 스스로 옳다 하고 찾지 않으며, 스스로 사사로이 하는 자는 인욕人慾
을 따라 돌아올 줄 모르며, 나약한 자는 남의 아래가 되기를 좋아하고 사양하지 않는
다. 그러므로 학문을 좋아함은 지智가 아니나 족히 어리석음을 깨뜨릴 수 있고, 힘써
행함은 인仁이 아니나 족히 사사로움을 잊을 수 있고, 부끄러움을 앎은 용勇이 아니
나 족히 나약함을 일으킬 수 있다."

삼근三近을 알면 천하를 다스릴 수 있다

知斯三者면 則知所以修身이요
지사삼자   즉지소이수신

知所以修身이면 則知所以治人이요
지소이수신   즉지소이치인

知所以治人이면 則知所以治天下國家矣리라.
지소이치인   즉지소이치천하국가의

이 세 가지를 알면 몸을 닦는 방법을 알 것이요, 몸을 닦는 방법을 알면 남을 다스리는 방법을 알 것이요, 남을 다스리는 방법을 알면 천하와 국가를 다스리는 방법을 알 것이다."

―――――――

斯三者는 指三近而言이라
사삼자   지삼근이언

人者는 對己之稱이요 天下國家는 則盡乎人矣라
인자   대기지칭   천하국가   즉진호인의

言此하여 以結上文修身之意하고 起下文九經之端也라.
언차   이결상문수신지의   기하문구경지단야

이 세 가지란 삼근三近을 가리켜 말씀한 것이다. 인人 '남'은 자기를 대칭對稱한 것이며, 천하天下와 국가國家는 남을 다한 것이다. 이것을 말씀하여 위 글의 수신修身의 뜻을 맺고, 아래 글의 구경九經의 단서를 일으킨 것이다.

천하를 다스리는 아홉 가지 방법(구경九經)

凡爲天下國家 有九經하니 曰
범위천하국가 유구경 왈

修身也와 尊賢也와 親親也와
수신야 존현야 친친야

敬大臣也와 體群臣也와 子庶民也와
경대신야 체군신야 자서민야

來百工也와 柔遠人也와 懷諸侯也니라.
래백공야 유원인야 회제후야

무릇 천하와 국가를 다스림에 구경九經 '아홉 가지 떳떳한 법'이 있으
니, 몸을 닦음과 어진 사람을 높임과 친척을 친히 함과 대신大臣을 공
경함과 여러 신하들의 마음을 체찰體察함과 여러 백성들을 자식처럼
사랑함과 백공百工들을 오게 함과 먼 지방의 사람을 회유懷柔함과
제후諸侯들을 은혜롭게 하는 것이다.

經은 常也라 體는 謂設以身處其地而察其心也라
경 상야 체 위설이신처기지이찰기심야

子는 如父母之愛其子也라 柔遠人은 所謂無忘賓旅者也라
자 여부모지애기자야 유원인 소위무망빈려자야

此는 列九經之目也니라
차 열구경지목야

呂氏曰 天下國家之本은 在身이라 故로 修身이 爲九經之本이라
려씨왈 천하국가지본   재신   고   수신   위구경지본

然이나 必親師取友然後에 修身之道進이라
연   필친사취우연후   수신지도진

故로 尊賢이 次之하고 道之所進이 莫先其家라
고   존현   차지   도지소진   막선기가

故로 親親이 次之하고 由家以及朝廷이라
고   친친   차지   유가이급조정

故로 敬大臣, 體君臣이 次之하고 由朝廷以及其國이라
고   경대신 체군신   차지   유조정이급기국

故로 子庶民, 來百工이 次之하고 由其國以及天下라
고   자서민 래백공   차지   유기국이급천하

故로 柔遠人, 懷諸侯가 次之하니 此는 九經之序也라
고   유원인 회제후   차지   차   구경지서야

視群臣을 猶吾四體하고 視百姓을 猶吾子하니
시군신   유오사체   시백성   유오자

此는 視臣視民之別也니라.
차   시신시민지별야

경經은 떳떳함이다. 체體는 자신이 그 처지에 처한 것으로 가설하여 그 마음을 체찰
體察하는 것이다.

자子는 부모父母가 그 자식을 사랑하듯이 하는 것이다. 먼 지방의 사람을 회유한다는
것은 《맹자孟子》에 이른바 '손님과 나그네를 잊지 말라'는 것이다. 이는 구경九經의 조
목을 나열한 것이다.

여씨呂氏 '여대림呂大臨'이 말하였다.

"천하天下와 국가國家의 근본은 몸에 있기 때문에 수신修身이 구경九經의 근본이 된다.
그러나 반드시 스승을 친히 하고 벗을 취한 뒤에 수신修身의 도道가 진전되기 때문
에 존현尊賢이 그 다음이 되는 것이요, 도道의 진전되는 바가 자기 집안보다 먼저 함
이 없기 때문에 친친親親이 그 다음이 되는 것이요, 집안으로 말미암아 조정朝廷에 미

치기 때문에 경대신敬大臣과 체군신體群臣이 그 다음이 되는 것이요, 조정朝廷으로 말미암아 나라에 미치기 때문에 자서민子庶民과 내백공來百工이 그 다음이 되는 것이요, 나라로 말미암아 천하에 미치기 때문에 유원인柔遠人과 회제후懷諸侯가 그 다음이 되는 것이니, 이는 구경九經의 차례이다. 군신群臣을 보기를 나의 사체四體와 같이 하고, 백성을 보기를 나의 자식과 같이 하니, 이는 신하를 봄과 백성을 봄의 구별이다.”

아홉 가지 방법(구경九經)의 효험

修身則道立하고 尊賢則不惑하고 親親則諸父昆弟不怨하고
수신즉도립   존현즉불혹   친친즉제부곤제불원

敬大臣則不眩하고 體群臣則士之報禮重하고 子庶民則百姓勸하고
경대신즉불현   체군신즉사지보례중   자서민즉백성권

來百工則財用足하고 柔遠人則四方歸之하고 懷諸侯則天下畏之니라.
래백공즉재용족   유원인즉사방귀지   회제후즉천하외지

몸을 닦으면 도道가 확립되고, 어진 사람을 높이면 의혹되지 않고,
친척을 친히 하면 제부諸父 '숙부叔父'와 형제들이 원망하지 않고, 대
신大臣을 공경하면 혼란하지 않고, 여러 신하들의 마음을 체찰體察하
면 선비들의 보답하는 예禮가 중하고, 여러 백성들을 사랑하면 백성
들이 권면勸勉하고, 백공百工을 오게 하면 재용財用 '재정財政'이 풍
족하고, 먼 지방의 사람을 회유하면 사방이 돌아오고, 제후諸侯들을
은혜롭게 하면 천하가 두려워한다.

此는 言九經之效也라
차   언구경지효야

道立은 謂道成於己而可爲民表니 所謂皇建其有極이 是也라
도립   위도성어기이가위민표   소위황건기유극   시야

不惑은 謂不疑於理요 不眩은 謂不迷於事라
불혹   위불의어리   불현   위불미어사

敬大臣이면 則信任專而小臣不得以間之라
경대신   즉신임전이소신부득이간지

故로 臨事而不眩也라 來百工이면 則通功易事하여 農末相資라
고   임사이불현야   내백공이면 즉통공역사   농말상자

故로 財用足하고 柔遠人이면 則天下之旅가 皆悅而願出於其塗라
고   재용족   유원인   즉천하지려   개열이원출어기도

故로 四方歸하고 懷諸侯면 則德之所施者博而威之所制者廣矣라
고   사방귀   회제후   즉덕지소시자박이위지소제자광의

故로 曰天下畏之라하니라.
고   왈천하외지

이는 구경九經의 효험을 말씀한 것이다. 도립道立은 도道가 자기 몸에 이루어져 백성
들의 의표가 될 만함을 이르니, 《서경書經》〈홍범洪範〉에 이른바 '황제皇帝가 극極을 세
운다.'는 것이 이것이다.

불혹不惑은 이치에 의혹하지 않음을 이르고, 불현不眩은 일에 혼란하지 않음을 이른
다. 대신大臣을 공경하면 신임信이 전일專一하여 낮은 신하들이 이간질할 수 없기 때
문에 일을 당하여 혼란하지 않는 것이다.

백공百工을 오게 하면 기술을 통하고 일을 바꿔 하여 농업農業과 말업末業 '상공업商工
業'이 서로 의뢰하므로 재용財用이 풍족해지는 것이다. 먼 지방의 사람을 회유하면 천
하의 나그네가 모두 기뻐하여 그의 길로 나오기를 원하기 때문에 사방四方이 돌아오
고, 제후諸侯들을 은혜롭게 하면 덕德의 베풀어짐이 넓고 위엄의 제어하는 바가 넓어
지기 때문에 천하가 두려워한다고 말한 것이다.

아홉 가지 방법(구경九經)의 일 I

齊明盛服하여 非禮不動은 所以修身也요 去讒遠色하며
재명성복 　　　비례부동 　소이수신야 　거참원색

賤貨而貴德은 所以勸賢也요 尊其位하며 重其祿하며
천화이귀덕 　소이권현야 　존기위 　　중기록

同其好惡는 所以勸親親也요 官盛任使는 所以勸大臣也요
동기호오 　소이권친친야 　관성임사 　소이권대신야

忠信重祿은 所以勸士也요 時使薄斂은 所以勸百姓也요
충신중록 　소이권사야 　시사박렴 　소이권백성야

재계齊戒하고 깨끗이 하며 성복(盛服; 성장盛裝)을 하여 예禮가 아니면 동動하지 않음은 몸을 닦는 것이요, 참소하는 이를 제거하고 여색女色을 멀리 하며, 재물을 천히 여기고 덕德을 귀하게 여김은 어진 사람을 권면勸勉하는 것이요, 그 지위를 높여 주고 녹祿을 많이 주며 좋아함과 싫어함을 함께 함은 친친親親을 권면勸勉하는 것이요, 관속官屬을 많이 두어 부릴 사람을 마음대로 맡기게 함은 대신大臣을 권면하는 것이요, 충신忠信을 '성심誠心'으로 대하고 녹祿을 많이 줌은 선비들을 권면하는 것이요, 철에 따라 부역을 시키고 세금을 적게 거둠은 백성들을 권면하는 것이요.

아홉 가지 방법(구경九經)의 일 II

日省月試하여 旣禀稱事는 所以勸百工也요
일성월시   희름칭사   소이권백공야

送往迎來하며 嘉善而矜不能은 所以柔遠人也요
송왕영래   가선이긍불능   소이유원인야

繼絶世하며 擧廢國하며 治亂持危하며 朝聘以時하며
계절세   거폐국   치란지위   조빙이시

厚往而薄來는 所以懷諸侯也니라.
후왕이박래   소이회제후야

날로 살펴보고 달로 시험하여 창고에서 녹祿을 줌을 일에 맞추어 함
은 백공百工을 권면하는 것이요, 가는 이를 전송하고 오는 이를 맞이
하며, 잘하는 이를 가상히 여기고 능하지 못한 이를 가엾게 여김은
먼 지방 사람을 회유하는 것이요, 끊긴 대代를 이어주고 폐지된 나라
를 일으켜 주며, 혼란한 나라를 다스려 주고 위태로운 나라를 붙들어
주며, 조회朝會와 빙문聘問을 때에 따라 하고, 가는 것을 후厚하게 하
고 오는 것을 박薄하게 함은 제후諸侯들을 은혜롭게 하는 것이다.

此는 言九經之事也라 官盛任使는 謂官屬衆盛하여 足任使令也라
차   언구경지사야   관성임사는 위관속중성   족임사령야

蓋大臣은 不當親細事라 故로 所以優之者如此라
개대신　부당친세사　고　소이우지자여차

忠信重祿은 謂待之誠而養之厚니 蓋以身體之하여
충신중록　위대지성이양지후　개이신체지

而知其所賴乎上者如此也라
이지기소뢰호상자여차야

餼는 讀曰餼 餼는 稍食也라
기　독왈희 희　초식야

稱事는 如周禮稿人職曰 考其弓弩하여 以上下其食이 是也라
칭사　여주례고인직왈 고기궁노　이상하기식　시야

往則爲之授節以送之하고 來則豊其委積以迎之라
왕즉위지수절이송지　내즉풍기위자이영지

朝는 謂諸侯見於天子요 聘은 謂諸侯使大夫來獻이라
조　위제후견어천자　빙　위제후사대부래헌

王制에 比年一小聘하고 三年一大聘하고 五年一朝라
왕제　비년일소빙　삼년일대빙　오년일조

厚往薄來는 謂燕賜厚而納貢薄이라.
후왕박래　위연사후이납공박

이는 구경九經의 일을 말씀한 것이다. 관성임사官盛任使는 관속官屬이 많아서 사령使令을 충분히 맡길 수 있음을 이른다. 대신大臣은 세세細細한 일을 친히 해서는 안 되기 때문에 우대하기를 이와 같이 하는 것이다.

충신중록忠信重祿은 대하기를 정성스럽게 하고 공양하기를 후厚하게 하는 것이니, 자신으로써 체찰하여, 그 윗사람에게 의뢰함이 이와 같음을 아는 것이다. 기旣는 餼희로 읽으니 餼稟희름은 초식稍食 '녹봉祿俸'을 이른다. 칭사稱事는 《주례周禮》〈고인직稿人職〉에 '궁노弓弩를 상고하여 그 먹는 것 '녹봉祿俸'을 올리고 내린다.'는 것이 이것이다. 갈 때에는 그를 위하여 부절符節을 주어 보내고, 올 때에는 위자委積 '생활필수품生活必需品'을 풍족히 하여 맞이한다. 조朝는 제후諸侯가 천자天子에게 뵙는 것이요, 빙聘은 제후諸侯가 대부大夫로 하여금 천자국天子國에 와서 예물禮物을 올리게 하는 것이다.

〈왕제王制〉에 '비년(比年; 매년每年)마다 한 번 작은 빙문을 올리고, 3년에 한 번 큰 빙문을 올리고, 5년에 한 번 조회한다.'하였다. 후왕박래厚往薄來는 잔치와 하사下賜를 후厚하게 하고, 공물貢物을 바침을 박薄하게 함을 이른다.

천하를 다스리기 위한 구경九經의 실제

凡爲天下國家 有九經하니 所以行之者는 一也니라.
범위천하국가 유구경　　　소이행지자　　일야

무릇 천하天下와 국가國家를 다스림에 구경九經이 있으니, 이것을 행하는 것은 하나이다.

一者는 誠也니 一有不誠이면 則是九者皆爲虛文矣라
일자　성야　일유불성　　　즉시구자개위허문의

此는 九經之實也라.
차　구경지실야

일一은 성誠이니, 한 가지라도 성실하지 못함이 있으면 이 구경九經이 모두 빈 글이 된다. 이는 구경九經의 실제이다.

모든 일은 미리 확립되어야 한다

凡事는 豫則立하고 不豫則廢하나니
범사   예즉립   불예즉폐

言前定則不跲하고 事前定則不困하고 行前定則不疚하고
언전정즉불겁   사전정즉불곤   행전정즉불구

道前定則不窮이니라.
도전정즉불궁

모든 일은 미리 하면 성립되고, 미리 하지 않으면 폐해진다. 말을 미
리 정하면 차질이 없고, 일을 미리 정하면 곤궁하지 않고, 행동을 미
리 정하면 결함이 없고, 도道를 미리 정하면 궁하지 않다.

凡事는 指達道, 達德, 九經之屬이라
범사   지달도 달덕 구경지속

豫는 素定也라 跲은 躓也요 疚는 病也라
예   소정야 겁 지야 구 병야

此는 承上文하여 言 凡事를 皆欲先立乎誠이니 如下文所推是也라.
차   승상문   언 범사 개욕선립호성   여하문소추시야

모든 일이란 달도達道·달덕達德·구경九經의 등속을 가리킨다. 예豫는 평소에 미리 정
함이다. 겁跲은 넘어짐이요, 구疚는 병病(하자나 결함)이다. 이는 위 글을 이어 모든 일
을 다 먼저 성誠에 서고자 함을 말씀하였으니, 아래 글에 미루어 나감과 같은 것이
이것이다.

아랫자리에 있으면서 미리 해야 할 것

在下位하여 不獲乎上이면 民不可得而治矣리라
재하위   불획호상   민불가득이치의

獲乎上이 有道하니 不信乎朋友면 不獲乎上矣리라
획호상   유도   불신호붕우   불획호상의

信乎朋友가 有道하니 不順乎親이면 不信乎朋友矣리라
신호붕우   유도   불순호친   불신호붕우의

順乎親이 有道하니 反諸身不誠이면 不順乎親矣리라
순호친   유도   반제신불성   불순호친의

誠身이 有道하니 不明乎善이면 不誠乎身矣리라.
성신   유도   불명호선   불성호신의

아랫자리에 있으면서 윗사람에게 신임信任을 얻지 못하면 백성을 다스리지 못할 것이다. 윗사람에게 신임을 얻는 방법이 있으니, 붕우朋友에게 믿음을 받지 못하면 윗사람에게 신임을 얻지 못할 것이다. 붕우朋友에게 믿음을 받는 것이 방법이 있으니, 어버이에게 순하지 못하면 붕우朋友에게 믿음을 받지 못할 것이다. 어버이에게 순함이 방법이 있으니, 자기 몸에 돌이켜보아 성실하지 못하면 어버이에게 순하지 못할 것이다.

몸을 성실히 함이 방법이 있으니, 선善을 밝게 알지 못하면 몸을 성실히 하지 못할 것이다.

此는 又以在下位者로 推言素定之意라
차   우이재하위자   추언소정지의

反諸身不誠은 謂反求諸身하여 而所存所發이 未能眞實而無妄也라
반제신불성   위반구제신   이소존소발   미능진실이무망야

不明乎善은 謂不能察於人心天命之本然하여 而眞知至善之所在也라.
불명호선   위불능찰어인심천명지본연   이진지지선지소재야

이는 또 아랫자리에 있는 자로서 평소에 미리 정하여야 하는 뜻을 미루어 말씀한 것이다. 자기 몸에 돌이켜보아 성실하지 못하다는 것은, 자기 몸에 돌이켜 찾아봄에 마음에 둔 바와 발發하는 바가 진실眞實하고 망령됨이 없지 못함을 이른다. 선善을 밝게 알지 못한다는 것은, 인심人心과 천명天命의 본연本然을 살펴 참으로 지선至善이 있는 곳을 알지 못함을 이른다.

성실한 자는 하늘의 도道, 성실히 하려는 자는 사람의 도

誠者는 天之道也요 誠之者는 人之道也니

성자　천지도야　성지자　인지도야

誠者는 不勉而中하며 不思而得하여 從容中道하나니 聖人也요

성자　불면이중　불사이득　종용중도　성인야

誠之者는 擇善而固執之者也니라.

성지자　택선이고집지자야

성실한 자는 하늘의 도道요, 성실히 하려는 자는 사람의 도道이니, 성실한 자는 힘쓰지 않고도 도道에 맞으며, 생각하지 않고도 알아서 종용從容히 도道에 맞으니, 성인聖人이요, 성실히 하려는 자는 선善을 택하여 굳게 잡는 자이다.

此는 承上文誠身而言이라

차　승상문성신이언

誠者는 眞實無妄之謂니 天理之本然也요

성자　진실무망지위　천리지본연야

誠之者는 未能眞實無妄而欲其眞實無妄之謂니 人事之當然也라

성지자　미능진실무망이욕기진실무망지위　인사지당연야

聖人之德은 渾然天理라

성인지덕　혼연천리

眞實無妄하여 不待思勉而從容中道하니 則亦天之道也요

진실무망　부대사면이종용중도　즉역천지도야

未至於聖이면 則不能無人欲之私하여 而其爲德이 不能皆實이라
미지어성　　즉불능무인욕지사　　이기위덕　불능개실

故로 未能不思而得하여 則必擇善然後에 可以明善이요
고　미능불사이득　　즉필택선연후　가이명선

未能不勉而中하여 則必固執而後에 可以誠身이니 此則所謂人之道也라
미능불면이중　　즉필고집이후　가이성신　　차즉소위인지도야

不思而得은 生知也요 不勉而中은 安行也라
불사이득　생지야　불면이중은 안행야

擇善은 學知以下之事요 固執은 利行以下之事也.
택선　학지이하지사　고집　이행이하지사야

이는 위 글의 성신誠身을 이어 말씀한 것이다. 성誠은 진실眞實 ‘성실誠實’하고 망령됨
이 없음을 이르니, 천리天理의 본연本然이요, 성지誠之는 능히 진실하고 망령됨이 없지
못하여, 진실하고 망령됨이 없고자 하는 것이니, 인사人事의 당연當然함이다. 성인聖人
의 덕德은 혼연渾然히 천리天理여서 진실하고 망령됨이 없어, 생각함과 힘씀을 기다리
지 않고도 종용從容히 도道에 맞으니, 그렇다면 이 또한 하늘의 도道인 것이다. 성인聖
人의 경지에 이르지 못하면 인욕人慾의 사사로움이 없지 못하여 그의 덕德이 다 진실
할 수가 없다. 그러므로 생각하지 않고 알 수가 없어서, 반드시 선善을 택한 뒤에야
선善을 밝게 알 수 있고, 힘쓰지 않고 도道에 맞을 수가 없으니, 반드시 굳게 잡은 뒤
에야 몸을 성실히 할 수 있다. 이것은 이른바 사람의 도道란 것이다. 생각하지 않고
도 앎은 태어나면서 저절로 아는 것 ‘생이지지生而知之’이요, 힘쓰지 않고도 도道에 맞
음은 편안히 행하는 것, 안이행지安而行之이다. 선善을 택함은 배워서 아는 것 ‘학이지
지學而知之’ 이하의 일이요, 굳게 잡음은 이롭게 여겨 행하는 것 ‘이이행지利而行之’ 이
하의 일이다.

성실하게 하는 조건들

博學之하며 審問之하며 愼思之하며 明辨之하며 篤行之니라.
박학지　　심문지　　신사지　　명변지　　독행지

이것을 널리 배우며, 자세히 물으며, 신중히 생각하며, 밝게 분변하며, 독실하게 행하여야 한다.

此는 誠之之目也라
차　　성지지목야

學問思辨은 所以擇善而爲知니 學而知也요
학문사변　　소이택선이위지　　학이지야

篤行은 所以固執而爲仁이니 利而行也라
독행　　소이고집이위인　　이이행야

程子曰 五者에 廢其一이면 非學也니라.
정자왈 오자　폐기일　　비학야

이것은 성실히 하는 조목條目이다. 배우고 묻고 생각하고 분변함은 선善을 택하는 것으로써 지智가 되니, 배워서 아는 것이요, 독실하게 행함은 굳게 잡는 것으로서 인仁이 되니, 이롭게 여겨 행하는 것이다.

군자는 배움을 힘써 행한다

有弗學이언정 學之인댄 弗能이어든 弗措也하며
유불학　　　학지　　불능　　　부조야

有弗問이언정 問之인댄 弗知어든 弗措也하며
유불문　　　문지　　부지　　　부조야

有弗思언정 思之인댄 弗得이어든 弗措也하며
유불사　　　사지　　부득　　　부조야

有弗辨이언정 辨之인댄 弗明이어든 弗措也하며
유불변　　　변지　　불명　　　부조야

有弗行이언정 行之인댄 弗篤이어든 弗措也하여
유불행　　　행지　　부독　　　부조야

人一能之어든 己百之하며 人十能之어든 己千之니라.
인일능지　　　기백지　　인십능지　　　기천지

배우지 않음이 있을지언정 배울진댄 능하지 못하거든 놓지 말며, 묻지 않음이 있을지언정 물을진댄 알지 못하거든 놓지 말며, 생각하지 않음이 있을지언정 생각할진댄 알지 못하거든 놓지 말며, 분변하지 않음이 있을지언정 분변할진댄 분명하지 못하거든 놓지 말며, 행하지 않음이 있을지언정 행할진댄 독실하지 못하거든 놓지 마라. 남이

한 번에 능하거든 나는 백 번을 하며, 남이 열 번에 능하거든 나는 천 번을 하여야 한다.

君子之學이 不爲則已어니와 爲則必要其成이라
군자지학 불위즉이 위즉필요기성

故로 常百倍其功하니 此는 困而知, 勉而行者也니 勇之事也라.
고 상백배기공 차 곤이지 면이행자야 용지사야

군자君子의 배움은 하지 않으면 그만이거니와 할진댄 반드시 그 완성을 요要한다. 그러므로 항상 그 공부工夫를 백배百倍로 하는 것이니, 이는 애써서 알고 힘써서 행하는 자이니, 용勇의 일이다.

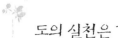

도의 실천은 강하게 만든다

果能此道矣면 雖愚나 必明하며 雖柔나 必强이니라.
과능차도의 수우 필명 수유 필강

과연 이 도道 '방법'에 능하면 비록 어리석으나 반드시 밝아지며, 비록 유약柔弱하나 반드시 강해진다.

明者는 擇善之功이요 强者는 固執之效라
명자 택선지공 강자 고집지효

呂氏曰 君子所以學者는 爲能變化氣質而已니
려씨왈 군자소이학자 위능변화기질이이

德勝氣質이면 則愚者可進於明이요 柔者可進於强이어니와
덕승기질 즉우자가진어명 유자가진어강

不能勝之면 則雖有志於學이나 亦愚不能明하고 柔不能立而已矣라
불능승지 즉수유지어학 역우불능명 유불능립이이의

蓋均善而無惡者는 性也니 人所同也요
개균선이무악자 성야 인소동야

昏明强弱稟이 不齊者는 才也니 人所異也라
혼명강약품 부제자 재야 인소이야

誠之者는 所以反其同而變其異也니 夫以不美之質로 求變而美인댄
성지자 소이반기동이변기이야 부이불미지질 구변이미

非百倍其功이면 不足以致之어늘
비백배기공 부족이치지

今以鹵莽滅裂之學으로 或作或輟하여 以變其不美之質이라가
금이노무멸렬지학 혹작혹철 이변기불미지질

及不能變하여는 則曰 天質不美는 非學所能變이라하니
급불능변 즉왈 천질불미 비학소능변

是는 果於自棄니 其爲不仁이 甚矣로다.
시　과어자기　기위불인　심의

밝아짐은 택선擇善의 공효功效요, 강해짐은 고집固執의 공효功效이다.

여씨呂氏 '여대림呂大臨'이 말하였다.

"군자君子가 배우는 까닭은 기질氣質을 변화變化하기 위할 뿐이다. 덕德이 기질氣質을 이기면 어리석은 자가 밝음에 나아가고, 유약한 자가 강함에 나아갈 수 있거니와, 능히 이기지 못하면 비록 배움에 뜻을 두더라도 어리석은 자가 밝아지지 못하고, 유약한 자가 서지 못할 것이다. 똑같이 선善하고 악惡함이 없는 것은 성性이니, 사람이 동일한 바요, 어둡고 밝으며 강하고 약함을 받은 것이 같지 않음은 재질才質이니, 사람이 각기 다른 바이다. 성실히 하는 것은 그 똑같음을 회복하고 다름을 변화하는 것이다. 아름답지 못한 자질로, 변화하여 아름다워지기를 구할진댄 공부工夫를 백배百倍로 하지 않으면 이룰 수가 없다. 그런데 이제 노무(鹵莽; 거칠고 소략함)하고 멸렬滅裂한 배움으로 혹 하기도 하도 혹 중단하기도 하면서 아름답지 못한 자질資質을 변화하다가 변화되지 못함에 이르면, '타고난 자질資質이 아름답지 못함은 배워서 변화할 수 있는 것이 아니다.'라고 말한다. 이는 스스로 포기함에 과감한 것이니, 불인不仁함이 심한 것이다."

제21장 성실이 본성을 감화시킨다

성실하면 밝아지고, 밝아지면 성실해진다

自誠明을 謂之性이요 自明誠을 謂之敎니 誠則明矣요 明則誠矣니라.
자성명   위지성   자명성   위지교   성즉명의   명즉성의

성誠으로 말미암아 밝아짐을 성性이라 이르고, 명明으로 말미암아 성실해짐을 교敎라 이르니, 성실하면 밝아지고, 밝아지면 성실해진다.

自는 由也라
자   유야

德無不實而明無不照者는 聖人之德이 所性而有者也니 天道也요
덕무부실이명무부조자   성인지덕   소성이유자야   천도야

先明乎善而後에 能實其善者는 賢人之學이 由敎而入者也니 人道也라
선명호선이후   능실기선자   현인지학   유교이입자야   인도야

誠則無不明矣요 明則可以至於誠矣니라.
성즉무불명의   명즉가이지어성의

自자는 말미암음이다. 덕德이 성실하지 않음이 없어, 밝음이 비추지 않음이 없는 자는 성인聖人의 덕德으로서 성性대로 하여 간직한 자이니, 하늘의 도道요, 먼저 선善을 밝게 안 뒤에 그 선善을 성실히 하는 자는 현인賢人의 배움으로서 가르침을 말미암아 들어가는 자이니, 사람의 도道이다. 성실해지면 밝지 않음이 없고, 밝아지면 성실함에 이를 수 있을 것이다.

지성만이 그 본성을 다하게 할 수 있다

惟天下至誠이야 爲能盡其性이니
유천하지성　　위능진기성

能盡其性이면 則能盡人之性이요
능진기성　　즉능진인지성

能盡人之性이면 則能盡物之性이요
능진인지성　　즉능진물지성

能盡物之性이면 則可以贊天地之化育이요
능진물지성　　즉가이찬천지지화육

可以贊天地之化育이면 則可以與天地參矣니라.
가이찬천지지화육　　즉가이여천지참의

오직 천하天下에 지극히 성실한 분이어야 능히 그 성性을 다할 수 있
으니, 그 성性을 다하면 능히 사람의 성性을 다할 것이요, 사람의 성
性을 다하면 능히 물건의 성性을 다할 것이요, 물건의 성性을 다하면
천지天地의 화육化育을 도울 것이요, 천지天地의 화육化育을 도우면
천지天地와 더불어 참여參與하게 될 것이다.

天下至誠은 謂聖人之德之實이 天下莫能加也라
천하지성　　위성인지덕지실　　천하막능가야

盡其性者는 德無不實이라
진기성자　덕무부실

故로 無人欲之私하여
고　무인욕지사

而天命之在我者를 察之由之하여 巨細精粗가 無毫髮之不盡也라
이천명지재아자　찰지유지　거세정조　무호발지부진야

人物之性이 亦我之性이로되 但以所賦形氣不同而有異耳라
인물지성　역아지성　단이소부형기부동이유이이

能盡之者는 謂知之無不明而處之無不當也라
능진지자　위지지무불명이처지무부당야

贊은 猶助也라 與天地參은 謂與天地並立而爲三也라
찬　유조야　여천지참　위여천지병립이위삼야

此는 自誠而明者之事也라.
차　자성이명자지사야

천하天下의 지성至誠은 성인聖人의 덕德의 성실함이 천하에 더할 수 없음을 이른다. 그 성性을 다한다는 것은 덕德이 성실하지 않음이 없기 때문에 인욕人慾의 사사로움이 없어 자신에게 있는 천명天命을 살피고 행하여, 크고 작음과 정精하고 거침이 털끝만큼도 다하지 않음이 없는 것이다. 사람과 물건의 성性이 또한 나의 성性인데, 다만 부여받은 바의 형기形氣가 같지 않기 때문에 다름이 있을 뿐이다. 능히 다한다는 것은 앎이 밝지 않음이 없고, 처함이 마땅하지 않음이 없는 것이다. 찬贊은 조助와 같다. 천지天地와 더불어 참여한다는 것은 천지天地와 더불어 서서 셋이 됨을 이른다. 이는 성誠으로 말미암아 밝아지는 자의 일이다.

제23장 천하지성

천하에 지극히 성실한 분만이 능히 화化할 수 있다

其次는 致曲이니 曲能有誠이니

기차　치곡　곡능유성

誠則形하고 形則著하고 著則明하고 明則動하고 動則變하고 變則化니

성즉형　형즉저　저즉명　명즉동　동즉변　변즉화

唯天下至誠이야 爲能化니라.

유천하지성　위능화

그 다음은 한쪽으로 지극히 함이니, 한쪽으로 지극히 하면 능히 성실할 수 있다. 성실하면 드러나고, 드러나면 더욱 드러나고, 더욱 드러나면 밝아지고, 밝아지면 감동시키고, 감동시키면 변變하고, 변變하면 화化할 수 있으니, 오직 천하天下에 지극히 성실한 분이어야 능히 화化할 수 있다.

其次는 通大賢以下凡誠有未至者而言也라

기차　통대현이하범성유미지자이언야

致는 推致也요 曲은 一偏也라

치　추치야　곡　일편야

形者는 積中而發外요 著則又加顯矣요 明則又有光輝發越之誠也라

형자　적중이발외　저즉우가현의　명즉우유광휘발월지성야

動者는 誠能動物이요 變者는 物從而變이요 化則有不知其所以然者라

동자　성능동물　변자　물종이변　화즉유부지기소이연자

蓋人之性이 無不同이나 而氣則有異라
개인지성　무부동　이기즉유이

故로 惟聖人이 能擧其性之全體而盡之요
고　유성인　능거기성지전체이진지

其次則必自其善端發見之偏而悉推致之하여 以各造其極也라
기차즉필자기선단발견지편이실추치지　이각조기극야

曲無不致면 則德無不實하여 而形著動變之功이 自不能已니
곡무불이　즉덕무부실　이형저동변지공　자불능이

積而至於能化하면 則其至誠之妙가 亦不異於聖人矣리라.
적이지어능화　즉기지성지묘　역불이어성인의

그 다음이란, 대현(大賢; 매우 어질고 지혜로운 사람) 이하로 성실함에 지극하지 못함이 있는 모든 자를 통틀어 말씀한 것이다. 치致는 미루어 지극히 함이요, 곡曲은 한쪽이다. 형形은 속에 쌓여 밖에 드러남이요, 저著는 또 더 드러남이요, 명明은 또 빛나고 발월發越 '발산發散'함의 성盛함이 있는 것이다. 동動은 성실함이 능히 남을 감동시킴이요, 변變은 남이 따라 변하는 것이요, 화化는 그 소이연所以然을 모름이 있는 것이다.

사람의 성性은 같지 않음이 없으나 기氣는 다름이 있다. 이 때문에 오직 성인聖人만이 그 성性의 전체全體를 들어 다하는 것이요, 그 다음은 반드시 선善한 단서가 발현發見되는 한쪽으로부터 모두 미루어 지극히 하여, 각각 그 지극함에 나아가는 것이다. 한쪽으로 지극히 하지 않음이 없으면 덕德이 성실하지 않음이 없어, 형形·저著·동動·변變의 공효功效가 저절로 그만두지 못할 것이니, 이것이 쌓여 능히 화化함에 이르면, 지성至誠의 묘妙함이 또한 성인聖人과 다르지 않을 것이다.

지성至誠은 신神과 같다

至誠之道는 可以前知니 國家將興에 必有禎祥하며
지성지도　　가이전지　　국가장흥　　필유정상

國家將亡에 必有妖孽하여 見乎蓍龜하며 動乎四體라
국가장망　　필유요얼　　현호시귀　　동호사체

禍福將至에 善을 必先知之하며 不善을 必先知之하나니
화복장지　선　필선지지　　불선　필선지지

故로 至誠은 如神이니라.
고　지성　여신

지성至誠의 도道는 일이 닥쳐오기 전에 미리 알 수 있으니, 국가가 장차 일어나려면 반드시 상서로운 조짐이 있으며, 국가가 장차 망하려면 반드시 요괴妖怪스러운 일이 있어, 시초점과 거북점에 나타나며, 사체四體에 동동한다. 그리하여 화禍와 복福이 장차 이름에 좋을 것을 반드시 먼저 알며, 좋지 못할 것을 반드시 먼저 안다. 그러므로 지성至誠은 신神과 같은 것이다.

禎祥者는 福之兆요 妖孽者는 禍之萌이라
정상자　복지조　요얼자　화지맹

蓍는 所以筮요 龜는 所以卜이라
시　소이서　구　소이복

四體는 謂動作威儀之間이나 如執玉高卑, 其容俯仰之類라
사체　위동작위의지간　여집옥고비　기용부앙지류

凡此는 皆理之先見者也라
범차　개리지선견자야

然이나 唯誠之至極而無一毫私僞留於心目之間者야
연　유성지지극이무일호사위류어심목지간자

乃能有以察其幾焉이라
내능유이찰기기언

神은 謂鬼神이라.
신　위귀신

정상禎祥은 복福의 조짐이요, 요얼妖孼은 화禍의 싹이다. 시蓍는 《주역周易》으로 점을 치는 것이요, 균龜은 거북으로 점을 치는 것이다. 사체四體는 동작動作과 위의威儀의 사이를 이르니, 예컨대 옥玉을 잡기를 높게 하고 낮게 함에, 그 얼굴을 숙이고 쳐드는 것과 같은 등속이다. 무릇 이러한 것은 모두 이치가 먼저 나타난 것이나, 오직 성실함이 지극하여 일호一毫의 사사로움과 거짓이 마음과 눈의 사이에 머물러 있지 않은 자라야 마침내 그 기미幾微를 살필 수 있는 것이다. 신神은 귀신鬼神을 이른다.

성誠은 스스로 이루어지고, 도道는 사람이 스스로 해야 한다

誠者는 自成也요 而道는 自道也니라.
성자　자성야　이도　자도야

성誠은 스스로 이루어지는 것이요, 도道는 스스로 행하여야 할 것이다.

誠者는 物之所以自成이요
성자　물지소이자성

而道者는 人之所當自行也라
이도자　인지소당자행야

誠은 以心言이니 本也요
성　이심언　본야

道는 以理言이니 用也라.
도　이리언　용야

성誠은 물건이 스스로 이루어지는 것이요, 도道는 사람이 마땅히 스스로 행하여야 함을 말씀한 것이다. 성誠은 심心으로써 말한 것이니, 근본이요, 도道는 이理로써 말한 것이니, 용用이다.

군자君子는 성실을 귀하게 여겨야 한다

誠者는 物之終始니 不誠이면 無物이라 是故로 君子는 誠之爲貴니라.
성자 물지종시 불성   무물   시고   군자   성지위귀

성誠은 물건 '사물'의 종終과 시始이니, 성실하지 못하면 사물이 없게

된다. 그러므로 군자君子는 성실히 함을 귀하게 여기는 것이다.

天下之物이 皆實理之所爲라 故로 必得是理然後에 有是物이니
천하지물 개실리지소위 고   필득시리연후   유시물

所得之理旣盡이면 則是物亦盡而無有矣라 故로 人之心이 一有不實이면
소득지리기진   즉시물역진이무유의   고   인지심   일유부실

則雖有所爲라도 亦如無有일새 而君子必以誠爲貴也라
즉수유소위   역여무유   이군자필이성위귀야

蓋人之心이 能無不實이라야
개인지심 능무부실

乃爲有以自成이요 而道之在我者亦無不行矣리라.
내위유이자성   이도지재아자역무불행의

천하의 사물은 모두 진실한 이理가 하는 것이다. 그러므로 반드시 이 이理를 얻은 뒤
에야 이 사물이 있는 것이니, 얻은 바의 이理가 이미 다하여 없어지면 이 사물도 또
한 다하여 없어진다. 그러므로 사람의 마음이 한번이라도 성실하지 못함이 있으면
비록 하는 바가 있으나 또한 없는 것과 같기 때문에 군자君子는 반드시 성실히 함을
귀하게 여긴다. 사람의 마음이 능히 성실하지 않음이 없어야 스스로 이룰 수가 있고,
나에게 있는 도道 역시 행해지지 않음이 없을 것이다.

성性의 덕

誠者는 非自成己而已也라
성자   비자성기이이야

所以成物也니 成己는 仁也요 成物은 知也니 性之德也라
소이성물야   성기   인야   성물   지야   성지덕야

合內外之道也니 故로 時措之宜也니라.
합내외지도야   고   시조지의야

성誠은 스스로 자기만을 이룰 뿐이 아니요. 남을 이루어 주니, 자기를
이룸은 인仁이요, 남을 주는 것은 지智이다. 이는 성性의 덕德이니, 내
외內外를 합한 도道이다. 그러므로 때로 둠에 마땅한 것이다.

誠雖所以成己나 然이나 旣有以自成이면 則自然及物하여
성수소이성기   연   기유이자성   즉자연급물

而道亦行於彼矣라
이도역행어피의

仁者는 體之存이요 知者는 用之發이니
인자   체지존   지자   용지발

是皆吾性之固有而無內外之殊하니 旣得於己면
시개오성지고유이무내외지수   기득어기

則見於事者以時措之而皆得其宜也라.
즉견어사자이시조지이개득기의야

성誠은 비록 자기를 이루는 것이나 이미 스스로 이룸이 있으면 자연히 남에게 미쳐,

도道가 또한 저에게 행해지는 것이다. 인仁은 체體가 보존됨이요, 지智는 용用이 발하는 것이니, 이는 모두 내 성性에 고유固有한 것이어서 내외內外의 분별이 없다. 이것을 이미 자신에게 얻으면 일에 나타나는 것이 때에 따라 둠에 모두 그 마땅함을 얻게 될 것이다.

제26장 성실은 천도天道

지성至誠은 쉼이 없고, 고명高明하다

故로 至誠은 無息이니 不息則久하고 久則徵하고
고   지성   무식   불식즉구   구즉징

徵則悠遠하고 悠遠則博厚하고 博厚則高明이니라.
징즉유원   유원즉박후   박후즉고명

그러므로 지성至誠은 쉼이 없으니, 쉬지 않으면 오래고, 오래면 징험
이 나타나고, 징험이 나타나면 유원(悠遠; 여유 있고 오래 함)하고, 유원悠
遠하면 박후(博厚; 넓고 두터움)하고, 박후博厚하면 고명(高明; 높고 광명
함)하다.

───────

既無虛假라 自無間斷이라. 久는 常於中也요 徵은 驗於外也라.
기무허가   자무간단   구   상어중야   징   험어외야

此는 皆以其驗於外者言之니 鄭氏所謂至誠之德著於四方者 是也라
차   개이기험어외자언지   정씨소위지성지덕저어사방자 시야

存諸中者既久면 則驗於外者益悠遠而無窮矣라
존제중자기구   즉험어외자익유원이무궁의

悠遠故로 其積也廣博而深厚하고 博厚故로 其發也高大而光明이라.
유원고   기적야광박이심후   박후고   기발야고대이광명

이미 허위虛僞와 가식假飾이 없으므로 자연 간단間斷함이 없는 것이다. 구久는 속에 항
상 함이요, 징徵은 밖에 나타남이다.
이는 모두 밖에 나타나는 것을 가지고 말씀한 것이니, 정씨(鄭氏; 정현鄭玄)가 이른바
'지성至誠의 덕德이 사방四方에 나타난다.'는 것이 이것이다. 속에 보존한 것이 이미 오
래면 밖에 징험이 나타나는 것이 더욱 유원悠遠하여 다함이 없을 것이다. 유원悠遠하

기 때문에 그 쌓임이 광박廣博하고 심후深厚하며, 박후博厚하기 때문에 그 발發함이 고
대高大하고 광명光明한 것이다.

성인聖人이 천지天地와 더불어 용용이 같다

博厚는 所以載物也요 高明은 所以覆物也요 悠久는 所以成物也니라.
박후   소이재물야   고명   소이부물야   유구   소이성물야

博厚는 配地하고 高明은 配天하고 悠久는 無疆이니라.
박후   배지   고명   배천   유구   무강

박후博厚함은 물건을 실어 주는 것이요, 고명高明함은 물건을 덮어 주는 것이요, 유구悠久함은 물건을 이루어 주는 것이다. 박후博厚는 땅을 배합하고, 고명高明은 하늘을 배합하고, 유구悠久는 다함이 없다.

─────────

悠久는 卽悠遠이니 兼內外而言之也라
유구   즉유원   겸내외이언지야

本以悠遠致高厚하고 而高厚又悠久也니 此는 言聖人與天地同用이라.
본이유원치고후   이고후우유구야   차   언성인여천지동용

此는 言聖人與天地同體라.
차   언성인여천지동체

유구悠久는 바로 유원悠遠이니, 내외內外를 겸하여 말한 것이다. 본래는 유원悠遠으로써 고명高明과 박후博厚를 이루고, 고명高明하고 박후博厚하면 또 유구悠久하게 되니, 이는 성인聖人이 천지天地와 더불어 용용이 같음을 말씀한 것이다.
이는 성인聖人이 천지天地와 더불어 체體가 같음을 말씀한 것이다.

다함이 없어도 이루어진다

如此者는 不見而章하며 不動而變하며 無爲而成이니라.
여차자　불현이장　　부동이변　　무위이성

이와 같은 자는 보여주시 않아도 드러니며, 동動하지 않아도 변하며,
함이 없이도 이루어진다.

見은 猶示也라 不見而章은 以配地而言也요
현　유시야　불현이장　이배지이언야

不動而變은 以配天而言也요 無爲而成은 以無疆而言也라.
부동이변　이배천이언야　무위이성　이무강이언야

현見은 시示와 같다. 보여주지 않아도 드러남은 땅을 배합함으로써 말한 것이요, 동動
하지 않아도 변함은 하늘을 배합함으로써 말한 것이요, 함이 없이도 이루어짐은 다
함이 없음으로써 말한 것이다.

천지天地의 도道는 한마디 말로 다할 수 있다

天地之道는 可一言而盡也니 其爲物不貳라 則其生物不測이니라.
천지지도   가일언이진야   기위물불이   즉기생물불측

천지天地의 도道는 한마디 말로써 다할 수 있으니, 그 물건 됨이 변치 않는다. 그리하여 물건을 냄이 측량할 수 없는 것이다.

此以下는 復以天地로 明至誠無息之功用이라
차이하   부이천지   명지성무식지공용

天地之道可一言而盡은 不過曰誠而已라
천지지도가일언이진   불과왈성이이

不貳는 所以誠也니 誠故로 不息而生物之多하여 有莫知其所以然者라.
불이   소이성야   성고   불식이생물지다   유막지기소이연자

이 이하는 다시 천지天地로써 지성무식至誠無息의 공용功用을 밝힌 것이다. 천지天地의 도道를 한마디 말로써 다할 수 있음은 성誠에 불과할 뿐이니, 변치 않음은 성誠하는 것이다.

성誠하기 때문에 쉬지 아니하여, 물건을 냄이 많아서 그 소이연所以然을 알지 못하는 것이다.

천지의 도는 변치 않는다

天地之道는 博也厚也高也明也悠也 久也니라.
천지지도   박야후야고야명야유야 구야

천지天地의 도道는 광박廣博함과 심후深厚함과 고대高大함과 광명光
明함과 유원悠遠함과 오램이다.

言天地之道는 誠一不貳라 故로 能各極其盛하여 而有下文生物之功이라.
언천지지도 성일불이   고   능각극기성   이유하문생물지공

천지天地의 도道가 성실하고 한결같아 변치 않기 때문에 각기 그 성盛함을 지극히 하
여 아래 글의 물건을 내는 공功이 있음을 말씀한 것이다.

하늘은 만물이 덮여 있고, 땅은 만물이 실려 있다

今夫天이 斯昭昭之多로되
금부천   사소소지다

及其無窮也하여는 日月星辰繫焉하며 萬物覆焉이니라
급기무궁야   일월성신계언   만물부언

今夫地 一撮土之多로되
금부지 일촬토지다

及其廣厚하여는 載華嶽而不重하며 振河海而不洩하며 萬物載焉이니라
급기광후   재화악이부중   진하해이불설   만물재언

今夫山이 一卷石之多로되
금부산   일권석지다

及其廣大하여는 草木生之하며 禽獸居之하며 寶藏興焉이니라
급기광대   초목생지   금수거지   보장흥언

今夫水 一勺之多로되
금부수 일작지다

及其不測하여는 黿鼉蛟龍魚鼈生焉하며 貨財殖焉이니라.
급기불측   원타교룡어별생언   화재식언

이제 하늘은 이 소소昭昭함이 많이 모인 것인데 그 무궁無窮함에 미쳐서는 일월日月 성신星辰이 매여 있고 만물萬物이 덮여져 있다. 이제 땅은 한 줌의 흙이 많이 모인 것인데 그 광후廣厚함에 미쳐서는 화악(華嶽: 화산華山)을 싣고 있으면서도 무겁게 여기지 않고, 하해河海를 거두어 있으면서도 새지 않으며, 만물이 실려져 있다. 이제 산山은 한 자잘한 돌이 많이 모인 것인데 그 광대廣大함에 미쳐서는 초목草木이 생장하고 금수禽獸가 살고 보장(寶藏: 보물寶物)이 나온다. 이제 물은 한 잔의 물이 많이 모인 것인데 그 측량할 수 없음에 미쳐서는 원타黿鼉와 교룡蛟龍과 어별魚鼈이 자라며 화재貨財가 번식된다.

昭昭는 猶耿耿이니 小明也니 此는 指其一處而言之라
소소 유경경   소명야   차   지기일처이언지

及其無窮은 猶十二章及其至也之意니 蓋擧全體而言也라
급기무궁   유십이장급기지야지의   개거전체이언야

振은 收也요 卷은 區也라
진   수야   권   구야

此四條는 皆以發明由其不貳不息하여 以致盛大而能生物之意라
차사조   개이발명유기불이불식   이치성대이능생물지의

然이나 天地山川이 實非由積累而後大니 讀者不以辭害意가 可也니라.
연   천지산천   실비유적루이후대   독자불이사해의   가야

소소昭昭는 경경耿耿이란 말과 같은 바 조금 밝은 것이니, 이는 그 한 곳을 가리켜 말한 것이다.
급기무궁及其無窮은 12장章의 급기지야及其至也의 뜻과 같으니, 이는 그 전체全體를 들

어 말한 것이다.

진振은 거둠이다. 권拳은 구(區; 구구區區함)이다. 이 네 조항은 모두 변치 않고 쉬지 않음으로 말미암아 성대盛大함을 이루어서 능히 물건을 내는 뜻을 발명發明한 것이다. 그러나 천지天地와 산천山川이 실제로 많이 쌓음을 말미암은 뒤에 커진 것은 아니니, 읽는 자들은 말로써 본의本意를 해치지 않아야 할 것이다.

하늘이 하늘이 된 까닭

詩云 維天之命이 於穆不已라하니
시운 유천지명   어목불이

蓋曰天之所以爲天也요 於乎不顯가 文王之德之純이여하니
개왈천지소이위천야   어호불현   문왕지덕지순

蓋曰文王之所以爲文也 純亦不已니라.
개왈문왕지소이위문야 순역불이

《시경詩經》에 이르기를 '하늘의 명命이, 아! 심원深遠하여 그치지 않는다.'하였으니, 이는 하늘이 하늘이 된 까닭을 말한 것이요, '아! 드러나지 않는가? 문왕文王의 덕德의 순수함이여!'하였으니, 이는 문왕文王이 문文이 되신 까닭의 순수함이 또한 그치지 않음을 말한 것이다.

詩는 周頌維天之命篇이라 於는 歎辭라 穆은 深遠也라
시 주송유천지명편   어 탄사 목 심원야

不顯은 猶言豈不顯也라 純은 純一不雜也라 引此以明至誠無息之意라
불현 유언기불현야   순 순일부잡야 인차이명지성무식지의

程子曰 天道不已어늘 文王이 純於天道亦不已하시니
정자왈 천도불이   문왕 순어천도역부이

純則無二無雜이요 不已則無間斷先後라.
순즉무이무잡   불이즉무간단선후

시詩는 〈주송周頌 유천지명편維天之命篇〉이다. 오於는 감탄사感歎辭이다. 목穆은 심원深遠함이다. 불현不顯은 기불현(豈不顯; 어찌 드러나지 않겠는가)이란 말과 같다. 순純은 순일純一

—하고 잡되지 않음이다. 이것을 인용하여 지성무식至誠無息의 뜻을 밝힌 것이다.

정자程子가 말씀하였다.

"천도天道가 그치지 않는데, 문왕文王도 천도天道에 순수하여 또한 그치지 않으셨으니, 순수하면 둘로 하지 않고 잡되지 않으며, 그치지 않으면 간단間斷과 선후先後가 없게 된다."

제27장 군자가 도를 행하는 방법
성인의 도가 하늘에 닿다

大哉라 聖人之道여 洋洋乎發育萬物하여 峻極于天이로다.
대재　성인지도　양양호발육만물　　준극우천

優優大哉라 禮儀三百이요 威儀三千이로다.
우우대재　예의삼백　　위의삼천

위대하다, 성인聖人의 도道여!

양양洋洋히 만물萬物을 발육發育하여 높음이 하늘에 다하였다.

우우優優히 크다. 예의禮儀가 3백 가지요, 위의威儀가 3천 가지이다.

峻은 高大也라 此는 言道之極於至大而無外也라.
준　고대야　차　언도지극어지대이무외야

優優는 充足有餘之意라 禮儀는 經禮也요 威儀는 曲禮也라
우우　충족유여지의　예의　경례야　위의　곡례야

此는 言道之入於至小而無間也라.
차　언도지입어지소이무간야

준峻은 고대高大함이다. 이는 도道가 지극히 큼을 다하여 밖이 없음을 말씀한 것이다.
우우優優는 충족充足하여 남음이 있는 뜻이다. 예의禮儀는 경례(經禮; 큰 예禮)요, 위의威儀는 곡례(曲禮; 자잘한 예禮)이다. 이는 도道가 지극히 작음에 들어가 틈이 없음을 말씀한 것이다.

훌륭한 사람을 기다린 뒤에 행한다

待其人而後에 行이니라.
대 기 인 이 후   행

故로 曰 苟不至德이면 至道不凝焉이라하니라.
고   왈 구부지덕   지도불응언

그 사람(훌륭한 사람)을 기다린 뒤에 행해진다.
그러므로 '만일 지극한 덕德이 아니면 지극한 도道가 모이지 않는다.'
고 말한 것이다.

至德은 謂其人이요 至道는 指上兩節而言이라 凝은 聚也며 成也라
지덕 위기인   지도 지상양절이언   응   취야   성야

지덕至德은 그 사람을 이르고, 지도至道는 위의 두 절節을 가리켜 말한 것이다. 응凝은
모임이며 이룸이다.

성현이 덕에 들어가는 방법

故로 君子는 尊德性而道問學이니
고　　군자　존덕성이도문학

致廣大而盡精微하며 極高明而道中庸히며 溫故而知新하며
치광대이진정미　　극고명이도중용　　온고이지신

敦厚以崇禮니라.
돈후이숭례

그러므로 군자君子는 덕성德性을 높이고 문학(問學; 학문學問)을 말미
암으니, 광대廣大함을 지극히 하고 정미精微함을 다하며, 고명高明을
다하고 중용中庸을 따르며, 옛 것을 잊지 않고 새로운 것을 알며, 후厚
함을 돈독히 하고 예禮를 높이는 것이다.

尊者는 恭敬奉持之意요 德性者는 吾所受於天之正理라 道는 由也라
존자　공경봉지지의　덕성자　오소수어천지정리　도　유야

溫은 猶燖溫之溫이니 謂故學之矣요 復時習之也라 敦은 加厚也라
온　유심온지온　위고학지의　부시습지야　돈　가후야

尊德性은 所以存心而極乎道體之大也요
존덕성　소이존심이극호도체지대야

道問學은 所以致知而盡乎道體之細也니 二者는 修德凝道之大端也라
도문학　소이치지이진호도체지세야　이자　수덕응도지대단야

不以一毫私意自蔽하고 不以一毫私欲自累하며
불이일호사의자폐　　불이일호사욕자루

涵泳乎其所已知하고 敦篤乎其所已能은 此皆存心之屬也요
함영호기소이지　　돈독호기소이능　　차개존심지속야

析理則不使有毫釐之差하고 處事則不使有過不及之謬하며
석리즉불사유호리지차　　처사즉불사유과불급지류

理義則日知其所未知하고 節文則日謹其所未謹은 此皆致知之屬也라
리의즉일지기소미지　　절문즉일근기소미근　　차개치지지속야

蓋非存心이면 無以致知요 而存心者는 又不可以不致知라
개비존심　　무이치지　　이존심자　　우불가이불치지

故로 此五句는 大小相資하고 首尾相應하니
고　　차오구　　대소상자　　수미상응

聖賢所示入德之方이 莫詳於此하니 學者宜盡心焉이니라.
성현소시입덕지방　　막상어차　　학자의진심언

존尊은 공경恭敬하고 받들어 잡는 뜻이요, 덕성德性은 내가 하늘에게 받은 바의 정리
正理이다. 도道는 말미암음이다. 온溫은 심온, 따뜻하게 데움의 온溫과 같으니, 예전
에 이것을 배우고 다시 때때로 익힘을 이른다. 돈敦은 더욱 도타이 함이다. 존덕성尊
德性은 마음을 보존하여 도체道體의 큼을 다하는 것이요, 도문학道問學은 지식을 지극
히 하여 도체道體의 세세함을 다하는 것이니, 이 두 가지는 덕德을 닦고 도道를 모으
는 큰 단서이다. 일호一毫의 사의(私意; 사심私心)로써 스스로 가리지 아니하고[치광대
致廣大], 일호一毫의 사욕私慾으로써 스스로 얽매이지 아니하며[극고명極高明], 그 이미
아는 바를 함영涵泳하고[온고溫故], 그 이미 능한 바를 돈독히 함은[돈후敦厚] 이는 모
두 존심存心의 등속이요, 이치를 분석함에는 털끝만한 차이가 있지 않게 하고[진정미
盡精微], 일을 처리함에는 과過·불급不及의 잘못이 있지 않게 하며[도중용道中庸], 의리
義理는 날마다 알지 못하던 것을 알고[지신知新], 절문節文[예禮]은 날마다 삼가지 못하
던 것을 삼감[숭례崇禮]은 이는 모두 치지致知의 등속이다. 존심存心이 아니면 치지致知
할 수가 없고, 존심存心한 자는 또 치지致知를 하지 않으면 안 된다. 그러므로 이 다
섯 구句는 큼과 작음이 서로 자資하고, 머리와 끝이 서로 응應하여, 성현聖賢이 덕德에
들어가는 방법을 보여 준 것이 이보다 간절함이 없으니, 배우는 자가 마땅히 마음을
다하여야 할 것이다.

군자는 밝고 밝아 몸을 보전한다

是故로 居上不驕하며 爲下不倍라
시고　　기상불교　　　위하불배

國有道에 其言이 足以興이요 國無道에 其默이 足以容이니
국유도　　기언　　족이흥　　　국무도　　기묵　　족이용

詩曰 旣明且哲하여 以保其身이라하니 其此之謂與인저.
시왈　기명차철　　　이보기신　　　　기차지위여

그러므로 윗자리에 거해서는 교만하지 않고, 아랫사람이 되어서는
배반하지 않는다. 나라가 도道가 있을 때에는 그 말이 족히 흥기興起
시킬 수 있고, 나라에 도道가 없을 때에는 그 침묵이 족히 몸을 용납
할 수 있다.

《시경詩經》에 이르기를 "이미 밝고 또 밝아 그 몸을 보전한다." 하였
으니, 이것을 말함일 것이다.

천자가 아니면 예를 논하지 못한다

子曰 愚而好自用하며 賤而好自專이요
자왈 우이호자용   천이호자전

生乎今之世하여 反古之道면 如此者는 災及其身者也니라.
생호금지세   반고지도   여차자   재급기신자야

非天子면 不議禮하며 不制度하며 不考文이니라.
비천자   불의례   부제도   불고문

공자孔子께서 말씀하셨다.

"어리석으면서 자기 의견을 쓰기 좋아하며, 천賤하면서 자기 마음대로 하기를 좋아하고, 지금 세상에 태어나서 옛 도道를 회복하려고 하면, 이와 같은 자는 재앙이 그 몸에 미친다.

천자天子가 아니면 예禮를 의논하지 못하며, 도度를 만들지 못하며, 문文을 상고하지 못한다.

此以下는 子思之言이라
차이하   자사지언

禮는 親疎貴賤相接之體也라 度는 品制요 文은 書名이라.
예   친소귀천상접지체야   도   품제   문   서명

이 이하는 자사子思의 말씀이다. 예禮는 친소親疎와 귀천貴賤이 서로 대하는 체體이다. 도度는 품제(品制; 제한이나 규정)요, 문文은 글자의 명칭이다.

성인이 천자의 지위에 있어야 한다

今天下 車同軌하며 書同文하며 行同倫이니라.
금천하 거동궤   서동문   행동륜

雖有其位나 苟無其德이면 不敢作禮樂焉이며
수유기위   구무기덕   불감작례악언

雖有其德이나 苟無其位면 亦不敢作禮樂焉이니라.
수유기덕   구무기위   역불감작례악언

지금 천하天下에는, 수레는 수레바퀴의 치수가 같으며, 글은 문자文字
가 같으며, 행동은 차례가 같다.
비록 그 천자天子 지위를 갖고 있으나 만일 그(성인聖人) 덕德이 없으
면 감히 예악禮樂을 짓지 못하며, 비록 그 덕德이 있으나 만일 그 지
위가 없으면 또한 감히 예악禮樂을 짓지 못한다."

今은 子思自謂當時也라
금   자사자위당시야

軌는 轍迹之度요 倫은 次序之體라 三者皆同은 言天下一統也라.
궤   철적지도   윤   차서지체   삼자개동   언천하일통야

鄭氏曰 言作禮樂者는 必聖人在天子之位라.
정씨왈 언작례악자   필성인재천자지위

금今은 자사子思가 스스로 당시當時를 말씀한 것이다. 궤軌는 수레바퀴의 도수(度數: 치
수)요, 윤倫은 차서次序의 체體이다. 세 가지가 모두 같음은 천하가 하나로 통일되었음

을 말한 것이다.

정씨(鄭氏, 정현鄭玄)가 말하기를, "예악禮樂을 짓는 자는 반드시 성인聖人이 천자天子의 지위에 있어야 함을 말씀한 것이다."

오직 주나라 예禮만 사용하고 있다

子曰 吾說夏禮나 杞不足徵也 吾學殷禮하니 有宋存焉이어니와
자왈 오설하례 기부족징야 오학은례   유송존언

吾學周禮하니 今用之라 吾從周하리라.
오학주례   금용지 오종주

공자孔子께서 말씀하셨다.

"내가 하夏나라 예禮를 말할 수 있으나 기杞나라가 충분히 증거 해 주
지 못하며, 내가 은殷나라 예禮를 배웠는데 그 후손인 송宋나라가 있
거니와, 내가 주周나라 예禮를 배웠는데 지금 이것을 쓰고 있으니, 나
는 주周나라 예禮를 따르겠다."

———————

此는 又引孔子之言이라
차   우인공자지언

杞는 夏之後라 徵은 證也라 宋은 殷之後라
기   하지후 징 증야 송   은지후

三代之禮를 孔子皆嘗學之而能言其意로되
삼대지례   공자개상학지이능언기의

但夏禮는 旣不可考證이요 殷禮는 雖存이나 又非當世之法이요
단하례   기불가고증   은례   수존   우비당세지법

惟周禮는 乃時王之制요 今日所用이니
유주례   내시왕지제 금일소용

孔子旣不得位면 則從周而已시니라.
공자기부득위   즉종주이이

이는 또다시 공자孔子의 말씀을 인용한 것이다. 기杞는 하夏나라의 후손 나라이다. 징
徵은 증거 함이다.

송宋은 은殷나라의 후손 나라이다. 삼대三代의 예禮를 공자孔子께서 모두 일찍이 배우
시어 그 뜻을 말씀할 수 있었으나, 다만 하夏나라 예禮는 이미 고증考證할 수 없고, 은
殷나라 예禮는 비록 남아 있으나 또 당세當世의 법法이 아니고, 오직 주周나라 예禮는
바로 시왕時王 당시의 왕의 제도이고 오늘날 쓰고 있는 것이니, 공자孔子가 이미 지위
를 얻지 못하셨으면 주周나라 예禮를 따르실 뿐이다.

제29장 군자는 천하의 명예를 따른다

천하를 다스리는 세 가지

王天下 有三重焉하니 其寡過矣乎인저.
왕천하 유삼중언 기과과의호

천하天下를 통치함에 세 가지 중重함이 있으니, 이것을 잘 행하면 허
물이 적을 것이다.

呂氏曰 三重은 謂議禮, 制度, 考文이니
여씨왈 삼중 위의례 제도 고문

惟天子得以行之면 則國不異政하고 家不殊俗하여 而人得寡過矣리라.
유천자득이행지 즉국불이정 가불수속 이인득과과의

여씨呂氏, 여대림呂大臨이 말하였다.

"삼중三重은 의례議禮·제도制度·고문考文을 이른다. 오직 천자天子만이 이것을 행할 수
있게 하면, 나라에는 정사가 다르지 않고, 집에는 풍속이 다르지 않아서 사람들이 허
물이 적게 될 것이다."

백성이 따르지 않는 사람

上焉者는 雖善이나 無徵이니
상언자   수선   무징

無徵이라 不信이오 不信이라 民弗從이니라
무징   불신   불신   민불종

下焉者는 雖善이나 不尊이니
하언자   수선   부존

不尊이라 不信이오 不信이라 民弗從이니라.
부존   불신   불신   민불종

위인 자(옛 왕)는 비록 선하나 징험이 없으니, 징험이 없음이라 믿지
않음이오, 믿지 않음이라 백성이 따르지 않는다. 아래인 자(예, 공자)는
비록 선하나 높지 아니하니, 높지 않음이라 믿지 않음이오, 믿지 않음
이라 백성이 따르지 않는다.

上焉者는 謂時王以前이니 如夏商之禮雖善이나 而皆不可考요
상언자   위시왕이전   여하상지례수선   이개불가고

下焉者는 謂聖人在下니 如孔子雖善於禮나 而不在尊位也라.
하언자   위성인재하   여공자수선어례   이부재존위야

상언上焉이란 시왕時王의 이전을 이르니, 예컨대 하夏나라와 상商, 은殷나라의 예禮가
비록 좋으나 모두 상고할 수 없음과 같은 것이요, 하언下焉이란 성인聖人이 아래 지위

에 있음을 이르니, 예컨대 공자孔子가 비록 예禮를 잘 아시나 높은 지위에 있지 못함과 같은 것이다.

군자의 도는 자기 몸의 근본이다

故로 君子之道는 本諸身하여 徵諸庶民하며 考諸三王而不謬하며
고   군자지도   본저신   징저서민   고저삼왕이불류

建諸天地而不悖하며 質諸鬼神而無疑하며 百世以俟聖人而不惑이니라.
건저천지이불패   질저귀신이무의   백세이사성인이불혹

이 때문에 군자君子의 도道는 자기 몸에 근본으로 하여 여러 백성들
에게 징험하며, 삼왕三王에게 상고해도 틀리지 않으며, 천지天地에
세워도 어그러지지 않으며, 귀신鬼神에게 질정質正하여도 의심이 없
으며, 백세百世에 성인聖人을 기다려도 의혹疑惑되지 않는 것이다.

此君子는 指王天下者而言이라 其道는 卽議禮制度考文之事也라
차군자   지왕천하자이언   기도   즉의례제도고문지사야

本諸身은 有其德也요 徵諸庶民은 驗其所信從也라
본제신   유기덕야   징제서민   험기소신종야

建은 立也니 立於此而參於彼也라 天地者는 道也요
건   입야   입어차이참어피야   천지자   도야

鬼神者는 造化之迹也라
귀신자   조화지적야

百世以俟聖人而不惑은 所謂聖人復起라도 不易吾言者也라.
백세이사성인이불혹   소위성인부기   불역오언자야

이 군자君子는 천하天下를 통치하는 자를 가리켜 말한 것이다. 그 도道는 바로 의례議
禮·제도制度·고문考文의 일이다. 자기 몸에 근본으로 함은 그 덕德을 소유함이요, 여
러 백성들에게 징험함은 그 믿고 따름을 징험하는 것이다. 건建은 세움이니, 여기에

세워서 저기에 참여하는 것이다. 천지天地는 도道요, 귀신鬼神은 조화造化의 자취이다. 백세百世에 성인聖人을 기다려도 의혹되지 않는다는 것은, 맹자孟子의 이른바 '성인聖 人이 다시 나오셔도 내 말을 바꾸지 않을 것'이란 것이다.

군자君子의 움직임은 대대로 천하天下의 도道가 된다

質諸鬼神而無疑는 知天也요 百世以俟聖人而不惑은 知人也니라.
질제귀신이무의   지천야   백세이사성인이불혹   지인야

是故로 君子는 動而世爲天下道니
시고   군자   동이세위천하도

行而世爲天下法하며 言而世爲天下則이라
행이세위천하법   언이세위천하칙

遠之則有望하고 近之則不厭이니라.
원지즉유망   근지즉불염

귀신鬼神에게 질정하여도 의심이 없음은 하늘을 아는 것이요, 백세百
世에 성인聖人을 기다려도 의혹되지 않음은 사람을 아는 것이다. 그
러므로 군자君子는 동動함에 대대로 천하天下의 도道가 되는 것이니,
행行함에 대대로 천하의 법法이 되며, 말함에 대대로 천하의 준칙準
則이 된다. 멀리 있으면 우러러봄이 있고, 가까이 있으면 싫지 않다.

知天, 知人은 知其理也라.
지천 지인   지기리야

動은 兼言行而言이요 道는 兼法則而言이라
동   겸언행이언   도   겸법칙이언

法은 法度也요 則은 準則也라.
법　법도야　칙　준칙야

하늘을 알고 사람을 안다는 것은, 그 이치를 아는 것이다.
동動은 언言과 행行을 겸하여 말한 것이요, 도道는 법法과 칙則을 겸하여 말한 것이다.
법法은 법도法度요, 칙則은 준칙準則, 즉 표준標準이다.

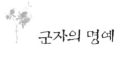

군자의 명예

詩曰 在彼無惡하며 在此無斁이라
시왈 재피무오   재차무역

庶幾夙夜하며 以永終譽라하니
서기숙야   이영종예

君子未有不如此而蚤有譽於天下者니라.
군자미유불여차이조유예어천하자

《시경詩經》에 이르기를, "저기에 있어도 미워하는 사람이 없으며, 여기에 있어도 싫어하는 사람이 없다. 거의 일찍 일어나고 밤늦게 자서 명예名譽를 길이 마친다."하였으니, 군자君子가 이렇게 하지 않고서 일찍이 천하에 명예를 둔 자는 있지 않다.

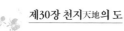

제30장 천지天地의 도

공자는 하늘을 따르고, 물과 흙의 이치를 깨달았다

仲尼는
중니

祖述堯舜하시고 憲章文武하시며 上律天時하시고 下襲水土하시니라.
조술요순   헌장문무   상률천시   하습수토

辟如天地之無不持載하며 無不覆幬하며 辟如四時之錯行하며
비여천지지무부지재   무불부도   비여사시지착행

如日月之代明이니라.
여일월지대명

중니仲尼는 요堯·순舜을 조술祖述, 즉 조종祖宗으로 삼아 전술傳述하시고, 문왕文王과 무왕武王을 헌장憲章하시며, 위로는 천시天時를 따르시고, 아래로는 수토水土 풍토風土를 인하셨다. 비유하면 하늘과 땅이 실어주지 않음이 없고 덮어주지 않음이 없는 것과 같으며, 비유하면 사시四時가 교대하여 운행함과 같으며, 일월日月이 교대하여 밝음과 같다.

祖述者는 遠宗其道요 憲章者는 近守其法이며
조술자   원종기도   헌장자   근수기법

律天時者는 法其自然之運이요 襲水土者는 因其一定之理니
률천시자   법기자연지운   습수토자   인기일정지리

皆兼内外該本末而言也라.
개 겸 내 외 해 본 말 이 언 야

조술祖述은 멀리 그 도道를 높임이요, 헌장憲章은 가까이 그 법法을 지킴이며, 천시天時를 따른다는 것은 자연自然의 운행運行을 법 받음이요, 수토水土를 인한다는 것은 일정一定한 이치를 인함이니, 이는 모두 내외內外를 겸하고 본말本末을 포함하여 말씀한 것이다.

천지의 도는 위대하다

萬物竝育 而不相害하며 道竝行而不相悖라
만물병육 이불상해   도병행이불상패

小德은 川流요 大德은 敦化하나니 此天地之所以爲大也니라.
소덕   천류   대덕   돈화   차천지지소이위대야

만물萬物이 함께 길러져 서로 해치지 않으며, 도道가 함께 행하여 서
로 위배되지 않는다. 작은 덕德은 냇물의 흐름이요, 큰 덕德은 화化를
도타이 하니, 이는 천지天地가 위대함이 되는 것이다.

悖는 猶背也라
패   유배야

天覆地載에 萬物이 並育於其間而不相害하고
천부지재   만물   병육어기간이불상해

四時日月이 錯行代明而不相悖하니 所以不害不悖者는 小德之川流요
사시일월   착행대명이불상패   소이불해불패자   소덕지천류

所以並育並行者는 大德之敦化니 小德者는 全體之分이요
소이병육병행자   대덕지돈화   소덕자   전체지분

大德者는 萬殊之本이라
대덕자   만수지본

川流者는 如川之流하여 脈絡分明而往不息也요
천류자   여천지류   맥락분명이왕불식야

敦化者는 敦厚其化하여 根本盛大而出無窮也라
돈화자   돈후기화   근본성대이출무궁야

此는 言天地之道하여 以見上文取譬之意也라.

패倖는 배背와 같다. 하늘이 덮어주고 땅이 실어주어 만물이 그 사이에서 함께 길러져 서로 해치지 않으며, 사시四時와 일월日月이 교대로 운행하고 교대로 밝아서 서로 위배되지 않으니, 해치지 않고 위배되지 않음은 소덕小德의 천류川流요, 함께 길러지고 함께 행해짐은 대덕大德의 돈화敦化이니, 소덕小德은 전체全體가 나누어진 것이요, 대덕大德은 만수萬殊의 근본이다. 천류川流는 냇물의 흐름과 같아, 맥락脈絡이 분명하고 감이 쉬지 않음이요, 돈화敦化는 그 화化를 돈후敦厚히 하여 근본이 성대해서 나옴이 무궁한 것이다.

이는 천지天地의 도道를 말씀하여 위 글에 비유를 취한 뜻을 나타내신 것이다.

제31장 성인 지성至聖

천하의 성인이 할 수 있는 일

唯天下至聖이야 爲能聰明睿知 足以有臨也니
유천하지성　위능총명예지 족이유림야

寬裕溫柔 足以有容也며 發强剛毅 足以有執也며
관유온유 족이유용야　발강강의 족이유집야

齊莊中正이 足以有敬也며 文理密察이 足以有別也니라.
제장중정　족이유경야　문리밀찰　족이유별야

오직 천하의 지극한 성인聖人이어야 총명예지聰明睿智가 족히 임할
수 있으니, 관유온유寬裕溫柔가 족히 용납함이 있으며, 발강강의發强
剛毅가 족히 잡음이 있으며, 재장중정齊莊中正이 족히 공경함이 있으
며, 문리밀찰文理密察이 족히 분별함이 있는 것이다.

聰明睿知는 生知之質이라 臨은 謂居上而臨下也라
총명예지　생지지질　임　위거상이림하야

其下四者는 乃仁義禮智之德이라
기하사자　내인의례지지덕

文은 文章也요 理는 條理也요 密은 詳細也요 察은 明辨也라.
문　문장야　리　조리　밀　상세야　찰　명변야

총명예지聰明睿智는 생이지지生而知之의 자질이다. 임臨은 위에 있으면서 아래에 임함
을 이른다. 그 아래 네 가지는 바로 인仁·의義·예禮·지智의 덕德이다. 문文은 문장文章
이요, 이理는 조리條理요, 밀密은 상세함이요, 찰察은 밝게 분변함이다.

다섯 가지 덕의 발현

溥博淵泉하여 而時出之니라.
부박연천　　　이시출지

溥博은 如天하고 淵泉은 如淵하니
부박　　여천　　　연천　　여연

見而民莫不敬하며 言而民莫不信하며 行而民莫不說이니라.
현이민막불경　　　언이민막불신　　　행이민막불열

부박溥博하고 연천淵泉하여 때로 나온다.

부박溥博은 하늘과 같고, 연천淵泉은 못과 같으니, 나타남에 백성들이 공경하지 않는 이가 없고, 말함에 백성들이 믿지 않는 이가 없고, 행함에 백성들이 기뻐하지 않는 이가 없다.

溥博은 周徧而廣闊也요 淵泉은 靜深而有本也라 出은 發見也라
부박　주편이광활야　　연천　정심이유본야　　출　발견야

言五者之德 充積於中而以時發見於外也라.
언오자지덕 충적어중이이시발견어외야

부박溥博은 두루 넓음이요, 연천淵泉은 고요하고 깊고 근본이 있는 것이다. 출出은 발현發見함이니, 다섯 가지의 덕德이 안에 충적充積되어 때로 밖에 발현됨을 말씀한 것이다.

덕이 광대하여 하늘과 같다

是以로 聲名이 洋溢乎中國하여 施及蠻貊하여
시이   성명   양일호중국   이급만맥

舟車所至와 人力所通과 天之所覆과 地之所載와 日月所照와
주거소지   인력소통   천지소부   지지소재   일월소조

霜露所隊에 凡有血氣者莫不尊親하나니
상로소추   범유혈기자막불존친

故로 曰配天이니라.
고   왈배천

이 때문에 성명聲名이 중국中國에 넘쳐 만맥蠻貊에 뻗쳐서, 배와 수
레가 이르는 바와 인력人力이 통하는 바와 하늘이 덮어주는 바와 땅
이 실어주는 바와 일월日月이 비추는 바와 서리와 이슬이 내리는 바
에 모든 혈기血氣를 가지고 있는 것들이 존경하고 친애親愛하지 않음
이 없다. 그러므로 하늘을 배합한다고 말한 것이다.

———————

舟車所至以下는 蓋極言之라 配天은 言其德之所及이 廣大如天也라.
주거소지이하   개극언지   배천   언기덕지소급   광대여천야

주거소지舟車所至 이하는 이것을 지극히 말씀한 것이다. 하늘을 배합한다는 것은 그
덕德의 미치는 바가 광대廣大하여 하늘과 같음을 말한 것이다.

제32장 성인의 도리
지성을 갖춰야 천하를 경영할 수 있다

唯天下至誠이야
유 천 하 지 성

爲能經綸天下之大經하며 立天下之大本하며 知天地之化育이니
위능경륜천하지대경　　　입천하지대본　　　지천지지화육

夫焉有所倚리오.
부언유소의

오직 천하天下에 지극히 성실한 분이어야 능히 천하天下의 대경大經
을 경륜經綸하며, 천하天下의 대본大本을 세우며, 천지天地의 화육化
育을 알 수 있으니, 어찌 〈딴 것에〉 의지할 것이 있겠는가.

經綸은 皆治絲之事니
경륜　개치사지사

經者는 理其緒而分之요 綸者는 比其類而合之也라
경자　이기서이분지요　륜자　비기류이합지야

經은 常也라 大經者는 五品之人倫이요 大本者는 所性之全體也라
경　상야　대경자　오품지인륜　대본자　소성지전체야

惟聖人之德이 極誠無妄이라
유성인지덕　극성무망

故로 於人倫에 各盡其當然之實하여 而皆可以爲天下後世法하니
고　어인륜　각진기당연지실　이개가이위천하후세법

所謂經綸之也라
소위경륜지야

其於所性之全體에 無一毫人欲之僞以雜之하여
기어소성지전체　무일호인욕지위이잡지

而天下之道千變萬化가 皆由此出하니 所謂立之也라
이천하지도천변만화　개유차출　　소위립지야

其於天地之化育에 則亦其極誠無妄者有默契焉이요 非但聞見之知而已라
기어천지지화육　즉역기극성무망자유묵계언　　비단문견지지이이

此皆至誠無妄自然之功用이니 夫豈有所倚著於物而後能哉리오.
차개지성무망자연지공용　　부기유소의착어물이후능재

경經·윤綸은 모두 실을 다스리는 일이니, 경經은 그 실마리를 다스려 나눔이요, 윤綸은 그 유類를 나란히 하여 합하는 것이다. 경經은 떳떳함이다. 대경大經은 오품五品, 다섯 가지의 인륜人倫이요, 대본大本은 본성本性에 간직하고 있는 전체全體이다. 오직 성인聖人의 덕德은 지극히 성실하고 망령됨이 없기 때문에 인륜人倫에 있어, 각기 당연當然함의 실제를 다하여 모두 천하天下와 후세後世의 법이 될 만하니, 이른바 경륜經綸이란 것이다. 본성本性의 전체全體에 있어, 한 털끝만한 인욕人慾의 거짓도 여기에 섞임이 없어, 천하天下의 도道에 온갖 변화變化가 모두 이로 말미암아 나오니, 이른바 세운다는 것이다.

천지天地의 화육化育에 있어, 또한 그 지성무망至誠無妄함이 묵묵히 합함이 있고, 단지 듣고 보아 알 뿐만이 아니다. 이는 모두 지성무망至誠無妄한 자연의 공용功用이니, 어찌 딴 물건에 의지한 뒤에야 능한 것이겠는가.

하늘의 덕을 통달한 자

肫肫其仁이며 淵淵其淵이며 浩浩其天이니라.
순순기인   연연기연   호호기천

苟不固聰明聖知達天德者면 其孰能知之리요.
구불고총명성지달천덕자   기숙능지지

순순肫肫한 그 인仁이며, 연연淵淵한 그 못이며, 호호浩浩한 그 하늘
이다. 만일 진실로 총명聰明하고 성지聖智하여 하늘의 덕德을 통달한
자가 아니면 그 누가 이것을 알겠는가.

肫肫은 懇至貌니 以經綸而言也요
순순   간지모   이경륜이언야

淵淵은 靜深貌니 以立本而言也요
연연   정심모   이립본이언야

浩浩는 廣大貌니 以知化而言也라
호호   광대모   이지화이언야

其淵其天이면 則非特如之而已라.
기연기천   즉비특여지이이

순순肫肫은 간곡하고 지극한 모양이니, 경륜經綸으로써 말한 것이요, 연연淵淵은 고요
하고 깊은 모양이니, 근본을 세움으로써 말한 것이요, 호호浩浩는 넓고 큰 모양이니,
화육化育을 앎으로써 말한 것이다. 그 못이며, 그 하늘이면, 단지 그와 같을 뿐만이
아닌 것이다.

군자의 도道는 날로 드러나고, 소인의 도道는 날로 없어진다

詩曰 衣錦尙絅이라하니 惡其文之著也라
시왈 의금상경   오기문지저야

故로 君子之道는 闇然而日章하고 小人之道는 的然而日亡하나니
고   군자지도   암연이일장   소인지도   적연이일망

君子之道는 淡而不厭하며 簡而文하며 溫而理니
군자지도   담이불염   간이문   온이리

知遠之近하며 知風之自하며 知微之顯이면 可與入德矣리라.
지원지근   지풍지자   지미지현   가여입덕의

《시경詩經》에 이르기를, "비단옷을 입고 홑옷을 덧입는다."하였으니, 그 문채가 너무 드러남을 싫어해서 이다.

그러므로 군자君子의 도道는 은은하되 날로 드러나고, 소인小人의 도道는 선명하되 날로 없어지는 것이다.

군자君子의 도道는 담박하되 싫지 않으며, 간략하되 문채 나며, 온화하되 조리가 있으니, 멀이 가까운 데로부터 시작함을 알며, 바람이 부터 일어남을 알며, 은미함이 드러남을 안다면, 더불어 덕德에 들어갈 수 있을 것이다.

前章엔 言聖人之德이 極其盛矣요
전장 　언성인지덕　 극기성의

此는 復自下學立心之始言之하고 而下文에 又推之하여 以至其極也라
차　 부자하학립심지시언지　 이하문　 우추지　 이지기극야

詩는 國風衛碩人, 鄭之丰에 皆作衣錦褧衣하니
시　 국풍위석인 정지봉　 개작의금경의

褧은 絅同하니 禪衣也라 尙은 加也라 古之學者는 爲己라
경　 경동　 선의야　 상　 가야　 고지학자는 위기

故로 其立心如此라 尙絅故로 闇然하고 衣錦故로 有日章之實이라
고　 기립심여차　 상경고　 암연　 의금고　 유일장지실

淡簡溫은 絅之襲於外也요 不厭而文且理焉은 錦之美在中也라
담간온　 경지습어외야　 불염이문차리언은 금지미재중야

小人은 反是하니 則暴於外而無實以繼之라 是以로 的然而日亡也라
소인　 반시　 즉폭어외이무실이계지　 시이　 적연이일망야

遠之近은 見於彼者由於此也요 風之自는 著乎外者本乎內也요
원지근　 견어피자유어차야　 풍지자　 저호외자본호내야

微之顯은 有諸內者形諸外也라
미지현　 유제내자형제외야

有爲己之心하고 而又知此三者면 則知所謹而可入德矣라
유위기지심　 이우지차삼자　 즉지소근이가입덕의

故로 下文에 引詩하여 言謹獨之事하시니라.
고　 하문　 인시　 언근독지사

앞 장章에서는 성인聖人의 덕德이 그 성盛함을 다함을 말씀하였고, 여기서는 다시 하학下學, 즉 초학初學이 마음을 세우는 시초로부터 말씀하였으며, 아래 글에 또 이것을 미루어 그 지극함을 다하였다. 시詩는 국풍國風의 〈위풍衛風 석인편碩人篇〉과 〈정풍鄭風 봉편丰篇〉이니, 여기에 모두 의금경의衣錦褧衣로 되어 있는바, 경褧은 경絅과 같으니, 홑옷이요, 상尙은 더함이다.

옛날의 학자學者들은 자신을 위한 학문學問을 하였다. 그러므로 그 마음을 새움이 이와 같았다. 홑옷을 덧입었기 때문에 은은하고, 비단옷을 입었기 때문에 날로 드러나는 실제가 있는 것이다. 단박하고 간략하고 온화함은 홑옷을 밖에 껴입은 것이요, 싫지 않고 문채 나며 또 조리가 있음은 비단의 아름다움이 속에 있는 것이다.

소인小人은 이와 반대이니, 밖에 드러나되 실제로써 계속하지 못한다. 이 때문에 선명하되 날로 없어지는 것이다.

원지근遠之近은 저기에 나타남이 여기에 말미암는 것이요, 풍지자風之自는 밖에 드러남이 안에 근본으로 하는 것이요, 미지현微之顯은 안에 간직한 것이 밖에 드러나는 것이다. 자신을 위한 학문學問을 하려는 마음이 있고, 또 이 세 가지를 알면 삼갈 바를 알아 덕德에 들어갈 수 있을 것이다. 그러므로 아래 글에 《시경詩經》을 인용하여 근독謹獨·신독愼獨의 일을 말씀하셨다.

군자는 마음에 하자가 없다

詩云 潛雖伏矣나 亦孔之昭라하니
시운 잠수복의   역공지소

故로 君子는 內省不疚하여 無惡於志하나니
고   군자   내성불구   무오어지

君子之所不可及者는 其唯人之所不見乎인저.
군자지소불가급자   기유인지소불견호

《시경詩經》에 이르기를, '잠긴 것이 비록 엎드려 있으나 또한 심히 밝
다.'하였다. 그러므로 군자君子는 안으로 살펴보아 하자瑕疵가 없어
서 마음에 미움(부끄러움)이 없는 것이니, 군자君子의 미칠 수 없는 점
은 사람들이 보지 않는 바에 있는 것이다.

詩는 小雅正月之篇이라 承上文하여 言莫見乎隱, 莫顯乎微也라 疚는 病也라
시   소아정월지편   승상문   언막견호은은 막현호미야   구   병야

無惡於志는 猶言無愧於心이니 此는 君子謹獨之事也라.
무오어지 유언무괴어심   차   군자근독지사야

시詩는 〈소아小雅 정월편正月篇〉이다. 위 글을 이어 숨은 것보다 드러남이 없고, 은미
한 것보다 나타남이 없음을 말씀하였다. 구疚는 병病(하자瑕疵)이다. 마음에 미움이 없
다는 것은 '마음에 부끄러움이 없다.'는 말과 같다. 이는 군자君子가 신독愼獨하는 일
이다.

군자는 동動하지 않아도 공경한다

詩云 相在爾室한대 尙不愧于屋漏라하니
시운 상재이실   상불괴우옥루

故로 君子는 不動而敬하며 不言而信이니라.
고   군자   부동이경   불언이신

《시경詩經》에 이르기를, '네가 '홀로' 방안에 있음을 보니, 여기서도
방 귀퉁이에 부끄럽지 않다.'하였다.
그러므로 군자君子는 동動하지 않아도 공경하며, 말하지 않아도 믿
게 한다.

———

詩는 大雅抑之篇이라 相은 視也라 屋漏는 室西北隅也라
시   대아억지편   상 시야   옥루   실서북우야

承上文하여 又言 君子之戒謹恐懼가 無時不然하여
승상문   우언 군자지계근공구   무시불연

不待言動而後敬信하니 則其爲己之功이 益加密矣라
부대언동이후경신   즉기위기지공   익가밀의

故로 下文에 引詩하여 幷言其效하시니라.
고   하문   인시   병언기효

시詩는 〈대아大雅 억편抑篇〉이다. 상相은 봄이다. 옥루屋漏는 방의 서북쪽 귀퉁이이다.
위 글을 이어, 또 군자君子의 경계하고 두려워함이 때마다 그렇지 않음이 없어, 말과
행동을 기다리지 않고도 공경하고 믿게 함을 말씀하였으니, 자신을 위하는 공부가
더더욱 치밀하다.
그러므로 아래 글에 《시경詩經》을 인용하고, 아울러 그 효험을 말씀하셨다.

군자는 백성들이 권면한다

詩曰 奏假無言에 時靡有爭이라하니
시왈 주격무언   시미유쟁

是故로 君子는 不賞而民勸하며 不怒而民威於鈇鉞이니라.
시고   군자   불상이민권   불노이민위어부월

《시경詩經》에 이르기를, "〈신명神明의 앞에〉 나아가 신명神明을 감격
感格할 때에 말이 없어, 이에 다투는 이가 있지 않다."하였다. 이 때문
에 군자君子는 상賞주지 않아도 백성들이 권면하며, 노怒하지 않아
도 백성들이 작두와 도끼보다 더 두려워하는 것이다.

詩는 商頌烈祖之篇이라 奏는 進也라 承上文而遂及其效하여 言
시   상송렬조지편   주 진야 승상문이수급기효   언
進而感格於神明之際에 極其誠敬하여 無有言說而人自化之也라
진이감격어신명지제   극기성경   무유언설이인자화지야
威는 畏也라 鈇는 莝斫刀也요 鉞은 斧也라.
위 외야 부 좌작도야 월 부야

시詩는 〈상송商頌 열조편烈祖篇〉이다. 주奏는 나아감이다. 위 글을 이어 마침내 그 효
험을 언급하여, 나아가 신명神明을 감격感格 감동할 즈음에 정성과 공경을 지극히 하
여 말함이 없어도 사람들이 스스로 교화敎化됨을 말씀한 것이다. 위威는 두려워함이
다. 부鈇는 여물을 써는 작두요, 월鉞은 도끼이다.

군자는 공손하다

詩曰 不顯惟德을 百辟其刑之라하니 是故로 君子는 篤恭而天下平이니라.
시왈 불현유덕   백벽기형지   시고 군자 독공이천하평

《시경詩經》에 이르기를, "드러나지 않는 덕德을 백벽辟, 여러 제후諸
侯들이 본받는다."하였다. 이 때문에 군자君子는 공손함을 돈독히 함
에 천하天下가 평해지는 것이다.

詩는 周頌烈文之篇이라 不顯은 說見二十六章하니
시   주송렬문지편   불현 설견이십륙장

此는 借引以爲幽深玄遠之意라
차   차인이위유심현원지의

承上文하여 言 天子有不顯之德하여 而諸侯法之면
승상문   언 천자유부현지덕   이제후법지

則其德愈深而效愈遠矣라 篤은 厚也니 篤恭은 言不顯其敬也라
즉기덕유심이효유원의   독 후야 독공 언불현기경야

篤恭而天下平은 乃聖人至德淵微自然之應이니 中庸之極功也라.
독공이천하평   내성인지덕연미자연지응이니 중용지극공야

시詩는 〈주송周頌 열문편烈文篇〉이다. 불현不顯은 해설이 26장章에 보이니, 여기서는
이것을 빌려 인용해서 그윽하고 깊으며 현원玄遠한 뜻으로 삼은 것이다. 위 글을 이
어서, 천자天子가 드러나지 않는 덕德이 있어 제후諸侯들이 법 받으면 그 덕德이 더욱
깊어 효험이 더욱 원대遠大함을 말씀하였다. 독篤은 두터움이니, 독공篤恭은 드러나지
않는 공경을 이른다. 공손함을 돈독히 함에 천하天下가 평해짐은, 바로 성인聖人의 지
극한 덕德이 깊고 은미하여 자연히 나타나는 효응效應이니, 중용中庸의 지극한 공효功
效이다.

하늘의 도는 소리도 냄새도 없다

詩云 予懷明德의 不大聲以色이라하여늘
시운 여회명덕　부대성이색

子曰 聲色之於以化民에 末也라하시니라
자왈 성색지어이화민　말야

詩云 德輶如毛라하나 毛猶有倫하니 上天之載 無聲無臭아 至矣니라.
시운 덕유여모　　　모유유륜　상천지재 무성무취　지의

《시경詩經》에 이르기를, '나는 밝은 덕德의 음성과 얼굴빛을 대단찮게 여김을 생각한다.'하였는데, 공자孔子께서 말씀하시기를, "음성과 얼굴빛은 백성을 교화시킴에 있어 지엽적인 것이다."하셨다.
《시경詩經》에 '덕德은 가볍기가 터럭과 같다.'하였는데, 터럭도 오히려 비교할 만한 것이 있으니, '상천上天의 일은 소리도 없고 냄새도 없다.'는 표현이어야 지극하다 할 것이다.

詩는 大雅皇矣之篇이니
시　대아황의지편

引之하여 以明上文所謂不顯之德者 正以其不大聲與色也라
인지　　이명상문소위불현지덕자 정이기부대성여색야

又引孔子之言하여 以爲聲色은 乃化民之末務어늘
우인공자지언　　이위성색　내화민지말무

今但言不大之而已면 則猶有聲色者存하니 是未足以形容不顯之妙라
금단언부대지이이　　즉유유성색자존　　　시미족이형용불현지묘

不若烝民之詩所言德輶如毛하니 則庶乎可以形容矣로되
불약증민지시소언덕유여모　　　즉서호 가이형용의

而又自以爲謂之毛면 則猶有可比者하니 是亦未盡其妙라
이우자이위위지모　　즉유유가비자　　시역미진기묘

不若文王之詩所言上天之載無聲無臭니 然後에 乃爲不顯之至耳라
불약문왕지시소언상천지재무성무취　　연후　　내위불현지지이

蓋聲臭는 有氣無形하여 在物에 最爲微妙어늘 而猶曰無之라
개성취　　유기무형　　　재물　　최위미묘　　　이유왈무지

故로 惟此可以形容不顯篤恭之妙니
고　　유차가이형용불현독공지묘

非此德之外에 又別有是三等 然後爲至也니라.
비차덕지외　　우별유시삼등 연후위지야

시詩는 〈대아大雅 황의편皇矣篇〉이니, 이것을 인용하여 위 글의 이른바 불현지덕不顯之德은 바로 음성과 얼굴빛을 대단찮게 여김을 밝혔으며, 또다시 공자孔子의 말씀을 인용하여 이르기를 "음성과 얼굴빛은 백성을 교화함에 있어 지엽적인 일이다. 그런데 이제 다만 대단찮게 여긴다고 말했을 뿐이니, 그렇다면 이것은 오히려 음성과 얼굴빛이 남아 있는 것이어서 불현不顯의 묘함을 형용하기에 충분하지 못하다.

이는 〈증민편烝民篇〉에 말한 '덕德은 가볍기가 터럭과 같다.'고 한 것만 못하니, 이렇게 말하면 거의 형용했다고 이를 만하다."하였다. 또 스스로 이르기를 "터럭이라고 말하면 오히려 비교할 만한 것이 있으니, 이 또한 그 묘함을 다하지 못한 것이다. 〈문왕시文王詩〉에 말한 '상천(上天)의 일은 소리도 없고 냄새도 없다.'고 한 것만 못하니, 이렇게 표현한 뒤에야 불현不顯의 덕德을 지극히 형용한 것이 된다."하였다.

소리와 냄새는 기운만 있고 형체가 없어, 물건에 있어 가장 미묘한 것인데도 오히려 없다고 말하였다.

그러므로 오직 이 말이 불현不顯, 독공篤恭의 묘함을 형용할 수 있는 것이니, 이 덕德 이외에 또 별도로 이 세 가지 등급이 있은 뒤에야 지극함이 된다고 말씀한 것은 아니다.

인생의 절반쯤 왔을 때
읽어야 할 대학·중용

초판 1쇄 인쇄 2020년 12월 7일
초판 1쇄 발행 2020년 12월 14일

지은이 주자
옮긴이 박훈

펴낸이 이효원
편집인 김성규
펴낸곳 탐나는책
출판등록 2015년 10월 12일 제 2020-000019호
주소 서울특별시 금천구 디지털로9길 68 대륭포스트타워5차 1606호
전화 070-8279-7311 **팩스** 02-6008-0834
전자우편 tcbook@naver.com

ISBN 979-11-89550-35-6 (03140)

이 도서의 국립중앙도서관 출판시도서목록(CIP)은
서지정보유통지원시스템 홈페이지(http://seoji.nl.go.kr)와
국가자료공동목록시스템(http://www.nl.go.kr/kolisnet)에서 이용하실 수 있습니다.
CIP제어번호: 2020049234